ある在日朝鮮人の読書遍歴

子どもの涙

徐京植
Suh Kyungsik

高文研

ムリーリョの少年

まえがきにかえて

十年あまり前のある日、暗い心で放浪の旅を続けていたわたしは、ロンドンの美術館で一人の子どもに出会った。子どもといっても、十七世紀スペインの画家バルトロメ・エステバン・ムリーリョが描いた絵の中の子どもである（カバー袖参照）。愛らしい幼な子の宗教画で知られるムリーリョは、同時に民衆の日常生活を題材にした世俗画を多く残した。彼が好んで描いたのは、貧しくはあっても生き生きとした、いたずら好きな子どもたちの姿である。わたしが出会ったのもそのような子どもたちの一人である。

タイトルをみると〈A peasant boy leaning on a sill〉とあった。

ああ、勉強しているんだな。——そう思った。

貧しい少年には、ペンも紙もない。敷居が机がわりだ。それでも少年は、先生か年寄りの話に夢中で耳を傾けているところなのだ。

少年はかすかに笑っている。ひとつひとつ憶える文字と言葉。見知らぬ遠い国の歴史や風物。むかしの合戦や恋の物語。――知識の光が少年の頬を明るく照らしている。陽光と雨とを浴びて樹木が伸びるように、知識が少しずつ増えていくことそのものが少年の歓びなのである。

だが、よく観察すると、その微笑はひもじさや悲しみを我慢しているためのようにも見えるのだ。

ご飯はちゃんと食べたのか？　両親はどうしているのか？　兄弟や友だちはいるのだろうか？　どんな人生が彼の行く手に待ちかまえているのだろう……。

あれこれと想像をめぐらしているうちに、わたしは、しばらくの間、子どもだけのもつ不思議な力によって、心を苛み続けていた憂鬱と不安とを癒されたのである。

旅を終えてからも、ロンドンから持ち帰ったその絵の複製を寝室の壁に架け、ときどき心の中で少年に言葉をかけた。「どうした？　何だか元気がないぞ」とか、「聞いてくれよ、きょうはいいことがあったんだ」とか。

そんなふうにして数年も経ってから、ふとした拍子に、あることに気づいて笑いだしてしまった。わたしはずっと leaning を learning と読み違えていたのだ。少年は「勉強している」のではなく、ただ「窓の敷居にもたれている」のだった。勝手な思い込みで勉強と結び付け、あれこれと想像をめぐらしていたわけである。

どうして、あんなふうに思い込んでしまったのだろう?

子どもの頃のわたしは本を読むことは好きだったが、定められた勉強は嫌いだった。そのことを、とても苦にしていた。どうやらいまだに自分は子ども時代の強迫観念からのがれられずにいるらしい。――そう考えると可笑しさがこみ上げ、それに誘われるように、長い間憶い出すこともなかった子どもの頃の情景が次々に心によみがえってきた。よみがえる心象風景のひとつひとつは、不思議なくらいに書物の記憶と結びついている。

いまも時折、散逸をまぬがれて本棚や押入れに残っている古い本を手にとってみることがある。落書きや手垢に汚れたページを繰っていると、子どもの頃の歓びや哀しみの感情までが胸底でざわざわと騒ぎ始める。成長への憧れとおそれ、自負と劣等感、希望と失意とがはげしく交錯した、あの日々。

著者が子どもの頃に読んでいた本

子どもの涙

目次

装幀　わたなべひろこ
装画　ワタナベケンイチ

思春期の戸口にて

『寺田寅彦集』

子どもの頃に読んだ本のうちで異様なまでにくっきりと記憶に残っているのが、寺田寅彦の随筆集である。人生で最初に読んだ本らしい本と言ってもいい。

もっとも、現在容易に手にはいる岩波文庫版で読んだのではない。数日前、押入れの奥をしつこく探してみたところ、われながらよほど捨て難かったとみえ、驚いたことにその本が残っていた。三十年ぶりに手にとってみると、子ども向けにルビをふり挿し絵などもあしらったもので、書名は『寺田寅彦集』となっている。版元はポプラ社。初版は一九五八年だが、わたしのものは翌年に出た第二版である。「私たちはどう生きるか」という全二十巻のシリーズの第二巻で、巻末の広告を見ると第一巻は吉野源三郎、三巻以下には、谷川徹三、天野貞祐、亀井勝一郎、小泉信三などが続いている。だが、わたしが持っていたのは寺田寅彦のものだけであった。

「最初」と言ったけれど、正確に言えば、もちろんその時までにも結構本を読んでいた。ただ、それはみな童話かいわゆる児童書だった。

在日朝鮮人の家庭に多かれ少なかれ共通することだと思うが、わたしの父母は子どもたちが本を読んでさえいれば喜んだ。本を買うと言いさえすれば、ほとんど無条件に小遣いもくれた。父は自称高等小学校中退だし、母ときては、その生涯に学校の門をくぐったことがなく、一字無識という有り様だったのだが、そうであればあるだけ余計に子どもたちへの期待が強かったのであろう。その母は、後に五十歳を過ぎて読み書きを手習いし、わたしが子どもの頃に親しんだ『孫文伝』（小田嶽夫著、偕成社版偉人物語文庫）などを読むようになってわたしを驚かせたのだが、そのことはまた別の話になる。

そうでなくとも、武よりも文を尊ぶ伝統的価値観に拘束されている朝鮮人にとっては、「読書」や「知識」というもののもつ価値は断然たる重みをもっている。「誰それは知識がある」というのが最上の賛辞であると同時に、「無識なやつ」というのが教育のない人々の間においてさえ最も強烈な悪口なのである。

ハルビン駅頭で伊藤博文を射殺した安重根《アンジュングン》はいまも民族の英雄として尊敬されているが、彼が旅順監獄で書き残した多くの書のひとつに、有名な「一日不読書／口中生荊棘《けいきょく》」というものがある。処刑を待つあいだも一日でも本を読まなければ口の中にトゲトゲが生えるようで我慢ならないと言うのだ。彼は蛮勇の人ではなく、知性の人なのである。こういうところが朝鮮の大衆の琴線に触れるのだろう。

火の車のように忙しかったり貧しかったりしたときも、わたしの父母が、とりわけ母がつねに読書を奨励し続けたことには、わが子の「出世」を望む親心があったのは当然のこととしても、ちょっと大げさに言うと、こういう朝鮮民族としての文化的背景のようなものの働きもあったに違いない。

＊

わたしが通った小学校は京都市内西部の下町の一隅にあり、かつて日本が朝鮮を植民地支配した時代に、そのあたりの電鉄工事に朝鮮から労働者を連れてきた関係で、わが同胞も多く住んでいた。たしか一クラスに四、五人ずつは朝鮮人がいたと思う。当時、一九六〇年代前半の人々の暮らしは、まだまだ貧しかった。給食費をもって来ない生徒が何人かいたし、積立金が払えない、着ていく服がない、家事を手伝わなければならないなどといった理由で修学旅行に行かない生徒もめずらしくなかった。

学校の講堂ではときどき映画を上映して見せてくれた。「ふうふう」というあだ名の、貧しい一家の作文好きの少年を主人公とする映画は『綴り方兄弟』といったように記憶するが、間違っているかもしれない。話は『綴方教室』と似ているが、たしかに戦後の設定だった。あるいは翻案だったのかもしれない。「ふうふう」

の一家は狭くて雨漏りのする小屋のようなところに住んでいる。失業状態の父親は、ときどき賃仕事にありつくのだが、お人好しなため賃金のかわりに乾麺をもらってきたりする。子どもたちは作文が好きだが原稿用紙やノートなど買えないから、新聞の折込広告の裏を使っている。貧しく健気な兄弟である。とうとう「ふうふう」の作文が何かの賞を受賞するのだが、その報せが届いた時、彼は病気で死んでしまうのである。……この映画には、まさに自分たちの周囲の日常がそのままそこに描かれているようにわたしは感じたものだった。どこかが似ていたのか、わたし自身もしばらくの間家族の中で「ふうふう」というあだ名で呼ばれたりした。

一方、甲府の葡萄園に育つ盲目の天才ヴァイオリニスト少年（和波孝禧《わなみたかよし》が演じた。その姉の役は山本富士子）とウィーン少年合唱団の交流を描いた『この道』という映画などには、別の世界を覗き見てしまったような切なさを感じた。美しい自然、豊かな家庭、上品で理知的な姉、外国の子どもとの文通、何よりもクラシック音楽をはじめとする「文化」！……胸が痛くなるほどの憧れを覚えたものだ。もっとも、この映画でも、ウィーン少年合唱団と共演する夢を果たせないまま主人公の少年は病死し、その妹が代役を果たすことになる。なぜ、映画の中の子どもたちはああも次々に死んだのだろうか。造り手にとっては、それが観客に感涙を絞らせる最も安直な手法だったのだろうが、実際に、わたしの周囲でも友だちが腎臓病で死んだり結核で長期欠席したりしていた。あの頃、子どもは現在よりはるかにたやすく死んだのである。

わたしは三角ベースとかドッヂボールとかの、身体を動かす野外の遊びが苦手で、学校が終わると一目散に帰宅して、やぐら炬燵に腹ばいになって本を読むほうを好んだ。それを見て母は、たまには外で遊ぶようにと言うこともあったが、たいていは嬉しそうな顔をしていた。

ある時、わたしは、放課後の野球遊びの九人目のレギュラーの座を大塚君という級友と競うかたちになった。大塚君はわたしとは違って手足が奇妙に長く、動作も敏捷だったのだが、おとなしくて気が弱かったためにいつも補欠ぎりぎりの位置に甘んじていたのである。わたしか大塚君か、どちらを採るべきか。公平を期して守備の実技テストで決めようということになった。ノッカーは万能選手の今井君である。みんなに見守られて、羞恥のためか興奮のためか顔を赤くした大塚君は、それでもわたしからみれば華麗にすら見えるステップで、三本のゴロを難なくさばいた。わたしの番になった。たぶんいつもメンバーに入れないわたしに同情したのだろう、今井君は誰の目にもわかるほど緩いゴロをわざわざ正面にノックしてくれた。だが、わたしはそれを三本たて続けに後逸してしまったのである。さすがにこのときは少々傷ついたが、それでも、やれやれこれで帰って本が読めると、どこかに安堵するような気もちもあった。

＊

小学校では年に一回か二回、書店が出張してきて講堂に臨時の販売所を設け、生徒や保護者に本を売るということが行われていた。日頃書店になど縁の薄いその地域の生徒たちを何とか読書に親しませようという意図であったと想像する。

まざまざと憶えているのだが、五年生のとき、この出張書店で宮沢賢治の童話集のついでに買ったのが、くだんの『寺田寅彦集』である。

一読してたちまち魅了された。暗記してしまうほど、繰り返し読んだ。岩波文庫版『寺田寅彦随筆集』では「どんぐり」となっている巻頭の一篇は「団栗」と書いてルビが振ってあったが、どんぐりというのは漢字ではこう書くのかと、そのことがめずらしく、それだけで嬉しかった。「どんぐり」は寺田寅彦の最初の妻が肺を

思春期の戸口にて

『寺田寅彦集』（ポプラ社、初版 1958 年）より
「団栗」の挿絵

病み、女の子ひとりを産み残して死んでしまう話である。

「もう何年前になるか思い出せぬが日はおぼえている。暮れもおしつまった二十六日の晩、妻は下女をつれて下谷摩利支天《したやまりしてん》の縁日へ出かけた」という書き出しからして、わたしは心を奪われた。「大晦日の夜の十二時すぎ、障子のあんまりひどく破れているのに気がついて、がいとうの頭巾をひっかぶり、皿一枚をさげて森川町へ五厘の糊を買いに行ったりした」という病人をかかえての年越し。やがて春がきて一時的に小康を得た身重の妻と小石川の植物園に散歩に出かけたところ、そこで妻は童女に還ったようにどんぐり拾いに熱中する。そして、いきなりの転換。

団栗を拾って喜んだ妻も今はない。お墓の土には苔の花が何べんか咲いた。山には団栗も落ちれば、鵯《ひよどり》の鳴く音に落ち葉が降る。

……ああ、やっぱりダメだったのかと、わたしはここのところで吐息をついたものだ。そして、残された子がどんぐり拾いを喜ぶ様を見ながら、「はじめとおわりの悲惨であった母の運命だけは、この児にくりかえさせたくないものだ」と結ぶ。

間然するところがない。

型どおりの起承転結なのだが、もちろん子どものわたしにはそんなことはわかる筈がない。それに、むしろこの時、「型」というもののもたらす、文章の淀みのない流れ、歯切れのよい律動感の魅力に初めて触れたとも言えるだろう。

同じ寺田寅彦の随筆でも、「藤の実」とか「線香花火」とかの、日常の出来事を自然科学者の目で観察するたぐいのものよりも、私小説的な趣きをもつ最初期の写生文を、わたしは好んだ。

「どんぐり」にしても、妻の死という悲しい出来事を取り上げているのに筆致は決して大げさにならず、淡々と語り進める描写がいっそ新鮮で心地よかった。それまでに読んだ子ども向きの本のような、手に汗握る冒険も波乱万丈のファンタジーもない。それなのに、なぜか面白くて読まずにはいられないのである。そのことがいぶかしくてならなかった。

思えばあれが、「人生の機微」などと呼ばれるものとの生涯で最初の出会いでもあったのだろうか。冒頭で「人生で最初の本」と言ったのは、そういう気分を込めてのことだ。

＊

「竜舌蘭」は、寺田寅彦が十歳そこそこの少年の頃、いとこの初節句の祝宴によばれて、姉の嫁ぎ先へ行ったときの思い出である。それは親類縁者はもちろん、近村の小作人や出入りの職人までより集まり、芸者まで呼んだ二晩がかりの大宴会なのだが、寅彦少年はその騒ぎに溶け込めない。「宵のうちいいかげんごちそうを食ってしまうと奥の蔵の間へ行って戸だなから八犬伝、三国志などを引っぱり出し、おなじみの信乃や道節、孔明や関羽に親しむ。」

こういうところを読むと、自分とそっくりだと思えてならなかった。わたしの家でも年に何回か、祭祀《チェサ》という朝鮮の伝統による法事のような行事があって、人が集まった。そんなとき、酔っぱらった大人たちにちやほやされるのも嫌いではないが、ちょっと上気してくるとよけいに、いい加減なところで二階に上がって読みさしの本の頁を開きたくなるのだった。

ところで、寅彦少年が引きこもった蔵の間は、女性たちの衣装部屋になっていた。

『寺田寅彦集』より「竜舌蘭」の挿絵

おしろい臭い、汗くさいへんな香がこもったなかで、自分は信乃が浜路のゆうれいと語るくだりを読んだ。（中略）自分のうしろのから紙がするするとあいて、はいって来た人がある。見ると年増の方の芸者であった。自分にはかまわず隅の衣桁《いこう》にかかっているきもののたもとをさぐって、何か帯の間へはさんでいたが、ふいに自分の方をふり向いて、

「あちらへいらっしゃいね、坊ちゃん。」

といった。そして、自分のそばへひざのふれるほどにすわって、

「おおいやだ、おばけ。」

と、絵をのぞく。髪の油がにおう。二人でだまって無心にこの絵を見ていたら、だれかが「清香《きよか》さん。」とあっちの方で呼ぶ。芸者はだまって立って部屋を出て行った。

わたしは、説明のつかない後ろめたいような感じをもちながら、繰り返し繰り返し、このくだりを読んだ。

それはあきらかに、一種のヴィタ・セクスアリス的な体験であった。そのように

して、まだ幼稚だったわたしの頭脳に新しいシワが一本増え、やや大人びた感受性が芽生え始めたのである。

*

「花物語」という連作随筆の第八に「りんどうの花」がある。寺田寅彦の大学時代、測量の実習にいっしょに演習林に入った学友のひとりに藤野という「何となしに不幸な人という感じ」の男がいた。日課を終えて小屋に帰り「若やいだなまめかしいような話」が交わされるとき、「藤野は人の話をきかぬでもなく、きくでもなく、何か不安の色を浮かべて考えているようであるが、時どきかくしから手なれた手帳を出して楽書きをしている。」実習にでると、ぼんやりして時々とんでもない間違いをし、それを注意されると「非常に恥じておどおどする。」

そして、ある日のこと。

藤野の手帳が自分のそばに落ちていたのを何の気なしに取り上げて開いて見たら、山におびただしいりんどうの花が一つしおりにはさんであって、いろんな楽書きがしてあった。中にいちょうがえしの女の頭がいくつもあって、それからFateという字がいろいろの書体でたくさん書き散らしてあった。あお向きに寝ていた藤野が起き上がってそれを見ると、あおい顔をしたが何もいわなかった。

十歳だったわたしは、いまだ恋を知らず、人の死を知らなかったが、この一篇を愛読した。読むたびに身体のどこかがジーンとしびれるような不可解な感覚があった。「Fateとは運命・宿命の意」という文末の注を見て、自分でもFate Fateと帳面に書き付けた。

自分はどんな宿命を負っているのだろうか、どんな運命に立ち向かって行くことになるのか。……

あれが、わたしの思春期への入り口だったらしい。わたしは自分が少しずつ成長して大人の世界に近づいて行くことを感じ、そのことにかすかな緊張を覚えていた。

（引用はポプラ社版『寺田寅彦集』による。）

子どもの涙（一）

エリザベス・ルウィズ『揚子江の少年』

岩波書店が新しく刊行を始めるという「世界児童文学集」の広告を眺めていて、全三十巻のラインアップのうち自分の読んだことのあるものは七冊に過ぎないことに気がついた。三十分の七とは意外である。この全集は「二十世紀の代表的作品」を集めたと謳っている（それにしてはグリムとアンデルセンが含まれているが）。そうすると、わたしが幼い頃夢中になっていたような作品はもう時代遅れになったのだろうか。児童書の世界にも、この三十年ほどの間にそれだけ大きい変化が起きたということなのか。

それに、七冊といっても『星の王子さま』と『あのころはフリードリヒがいた』の二冊はおとなになってから読んだのである。

『星の王子さま』は、ちょうどわたしが大学に入った頃ブームのようになっていたのだが、原書が教養課程のフランス語のテキストだったので原書と対照して読んだ。こういう読まれ方は児童書にとっては不幸なものに違いない。内藤濯の名訳をよく味わうようにということだったが、授業の退屈さが原文の興趣までもそいでしまったのか、あまり面白いと思えなかった。

『あのころはフリードリヒがいた』は、三十歳を過ぎてから、旧くからの友人で中学校の社会科教師をしている女性に教えられて読んだ。フリードリヒというユダヤ人の友だちをもつドイツ人少年が、ナチスの勃興とともに次第次第におとなたちの排外主義の熱狂に心をとらわれてゆく。少年の両親は良識と人情を備えた普通の市民だが、フリードリヒ一家の受難に対してまったくの無力である。最後はフリードリヒは防空壕に入れてもらえなかったために死ぬのである。おおかたの児童文学には、かならずしもハッピーエンドに終わらないまでも、何らかの救いや慰めが用意されているものだが、ここにはそういうものは何もない。きびしい作品である。児童書だからといって手を抜くことなく、ユダヤ人の生活習慣やユダヤ教のしきたりについて巻末に詳細で適切な注釈が付されているところなどもまことに真摯である。

この二冊を除くと、三十冊のうち子どものときに読んだことがあるのは『ドリトル先生航海記』『風の又三郎』『グリム童話選』『アンデルセン童話選』それに『飛ぶ教室』の五冊に過ぎない。

*

わたしは一九五一年の生まれなので、小学生の頃はちょうど時代が五〇年代から六〇年代へと移るときだった。その頃、わたしはどんな児童書を読んでいたのだったか。

手もとに残っているエーリッヒ・ケストナー著、植田敏郎訳『飛ぶ教室』の奥付を見ると、一九五六年刊（初版は五三年）で定価は二百円である。当時の物価水準を考えると必ずしも安くない。出版元は大日本雄弁会講談社。現在の講談社は、その頃はまだそういう社名だった。この講談社版世界名作全集にはずいぶんお世話になった。たぶん小学校の図書室にも揃っていたように思う。

この全集のキャッチフレーズは「世界じゅうの子どもが読んでいる」である。巻末の広告によると、第一巻『ああ無情』に始まる、全部で一五〇巻をこえるシリーズだった。わたしは、そのうちの半分以上は読んだと思う。いわゆる名作で、このとき読んだきり後になっても原作を読んでいないものが少なくない。

講談社と競い合うようにして、偕成社からも世界名作文庫というシリーズが出ていた。両者は本造りも装丁もよく似ていた。子ども向けの『三国志』を読んだ記憶があったので、今回探してみるとこの偕成社版だった。著者は柴田錬三郎である。

パラパラと頁を繰ってみると、無理もないが、ただルビをふったというだけで本文は漢字だらけである。十歳そこそこのわたしがどれだけ理解できていたのか、はなはだ疑わしい。それでも、徐庶とか徐晃とか、自分と同じ名の人物が登場すると嬉しかった。ところが、彼らはあまり活躍しないのである。

ご多分にもれず、ジュール・ベルヌの空想科学ものや、冒険ものも好きだった。岩崎書店から出ていた「ベルヌ冒険名作選集」全十二巻というのが家にあった。わたしのいちばんのお気に入りだったのはアルバトロス号というヘリコプターのお化けのようなものが大活躍する『空飛ぶ戦闘艦』である。

ベルヌの『十五少年漂流記』は何回も読んだが、わたしは、この本の後半はあまり楽しめなかった。それに比べれば、同じ漂流ものでも『家族ロビンソン』というのは、気楽に読めた。この完訳がずっと後になって『スイスのロビンソン』という書名（おそらく、こちらが正確なのだろう）で岩波文庫に収められたとき、わたしはもう中年にさしかかる年齢になってしまっていたが、跳びつくように買い求めたものである。おとなの目で再読するとご都合主義の絵空事という感をまぬがれず、文学作品としての完成度は『十五少年漂流記』にはるかに及ばないのはやむを得ないが、そんなことより懐かしさのほうがはるかにまさった。

＊

甘えん坊だったわたしは小学校三、四年生の頃まで母といっしょに寝ていたが、母に本を読んでもらったことはない。幼いときに朝鮮から日本に渡ってきた母は、貧しさのため学校にいくことができなかった。そのため長い間、字が読めなかったのである。だから、わたしが母に本を読んであげていたのだ。母は母で、日本や朝鮮のむかし話をしてくれた。眠りに落ちるまでの、その短い時間は、わたしにはもちろんだが、母にとっても至福の時だったに違いない。

わたしは本に熱中すると食事時でも膝に本を開いて「ながら読み」をした。母もあまり本気ではとがめず、「食べるか、読むか、どっちかにしぃ」と言いながら、わたしが本の内容を喋りだすと面白そうに相手になってくれた。

小学校二、三年生の頃だったと思う。ある日の昼食時のこと、素麺《ソーメン》と青菜のキムチを食べていたような気がするから夏休みだったかもしれない、母が何を読んでいるのか尋ねたので、わたしは勢いよく答えた。

「よすえの少年！」

すぐに、右隣で素麺をすすっていた「小ちゃい兄ちゃん」が頓狂な声をあげた。

「よすえ？　よすえ、て何や？」

わたしには兄が三人いるのだが、六歳上の次兄をわたしは「小ちゃい兄ちゃん」と呼んでいたのである。十歳上の長兄は「大きい兄ちゃん」、すぐ上の三歳違いの兄は「みっちゃん」である。さらに、四歳下に末っ子の妹がいた。

小ちゃい兄ちゃんは手に持った箸先でわたしの顔を指しながらゲラゲラと嗤った。

「よすえ、やて。アホやな、お前」

その時わたしが読んでいたのは『揚子江の少年』という本であった。家にあったのだから、もちろん小ちゃい兄ちゃんがすでに読んだものである。おそらく「揚子」の二字にだけルビがふってあったのだろう、嗤われるまでずっと、わたしは「よすえ」と思い込んでいたのである。

「小ちゃい子のこと、そんないうて、バカにするんやない！」

母がすぐさま次兄をこっぴどく叱ってくれたが、そんなことで神妙になる彼ではない。母に対してわたしがいい子ぶっていると感じていたのだろう。そういうのが

子どもの涙（一）

『揚子江の少年』（講談社、
初版 1954 年）の挿絵

彼は大嫌いなのだ。それからもしばらくは、わたしの顔を見るたびに大きな口をグイッと意地悪く歪めて、「おい、よすえの少年……」とからかい続けた。わたしは心中深く傷つき、このことの後は、食事時に本の話をすることも少なくなった。

このように、その場の情景は異様に鮮明に憶えているのだが、話の中味の記憶は心許ない。たしか物語の舞台は重慶か武漢あたりで、徒弟奉公の少年が主人公だったように思う。革命前の中国のうら悲しい庶民生活の模様が淡々と語られていて、遣る瀬ないような親近感を覚えた。どことなく、老舎の筆致に共通するものがあったようにも思える。子ども向きにしては暗く沈んだ作品だったが、これも講談社の世界名作全集の一冊だったことは間違いない。原作者は何というのだろうか。今となっては、どうしても思い出せない。

＊

母がわたしを愛してくれていることは重々わかっていたが、それでも『王子とこじき』などを読んだときには、たいていの子どもが一度は想像するように、わたしもまた、いつか「ほんとうの親」が自分を引き取りに現われはしないかと夢想した。

母はよく冗談に「うちの子どもらの中で、おまえだけは橋の下で拾てきたんやで」と言ったものだが、そう言われると悲しい反面、半分くらいは、それが本当ならいいのになという気もちもあった。

わたしが夢想した「ほんとうの親」は、物語によくあるような金持とか貴族とかではない。平凡な日本人である。

わずか七歳や八歳という年齢で、どうしてそんなふうに夢想したのだろう？

子どもの世界には民族差別はない、という人がいる。それは、ほんとうだろうか？　なるほど幼いわたしには民族とか国家とかの観念はまだ芽生えていなかったが、それでもわたしは、自分が周囲の子どもたちとは違う少数派であるということをわかっていたし、そのことにぼんやりとした不幸感を覚えていたのである。

子どもは、大人たちが勝手に決め込んでいるよりずっと早くから、ほとんど生まれ落ちた瞬間から、いわば汚染された空気を呼吸するように、大人の世界に充満する苦悩や悲哀を自分の体内に採り入れてしまうようにわたしには思える。

わたしを養子にほしいという人物が実際に現われたこともあった。しかし、その人物はわたしが夢想したのとはほど遠かった。わたしたち兄弟が「オシシのマツバラはん」と呼んでいたその人は、父の友人で、どういうわけか独り者だった。オシシというのは顔が獅子舞の頭にそっくりだったからだ。アルコール中毒のイチゴ鼻で、歯は煙草のヤニで真黒だった。わが家へ来る度に、「おっちゃんの子になるか?」と言いながらその顔をわたしに擦りよせた。両親までが面白がって「おっちゃんに貰ろうてもらえ」などと言いつのるので、わたしはいつも泣き出してしまいそうになるのだった。

オシシのマツバラはんは典型的に不遇な在日朝鮮人一世で、やがて結核を病んで孤独に世を去った。

＊

あれから三十年以上も経ってしまったのだが、先日機会があって『揚子江の少年』のことを次兄に尋ねてみた。彼はわたしをバカにしていじめたことはすっかり忘れていたが、物語の断片を詳しく憶えていて、ひどく懐かしがった。彼の記憶では、主人公の少年は母に連れられて唐《タン》とかいう銅細工職人のところに奉公にいくのだが、その場面で、少年の母親が字が読めないことが明らかになるのである。暮れだか正月だかに、貧しく健気な少年の頭上にひらひらと小雪が舞い落ちる情景の描写を、ひどく印象的に記憶しているという。

だが、そういう彼も、誰か西洋人の作品だったかもしれないというだけで、やはり原作者名は思い出せなかった。

（後日判ったところでは、『揚子江の少年』の著者はエリザベス・ルウィズ。訳者は小出正吾。ボルチモア生まれのアメリカ人である著者は、宣教師として国民革命期の中国に長く滞在した経験をもつ。原書は一九三二年、アメリカで出版された。）

子どもの涙（二）

ニコライ・バイコフ『偉大なる王』

先日熱を出してふせってしまったとき、寝床で内田百閒を読んでいたのだが、「三鞭酒《シャンペン》」という文章に行き当たって目のウロコが落ちた。

内田百閒が子どもだった頃、「満洲騎兵を生捕って、テ、テ、帝国大勝利、リ、リ、李鴻章の禿げ頭」というわらべ歌がはやっていたというのである。

実は、わたしが幼かった頃よく口にした尻取り歌に「リカシャの禿げ頭」という文句があって、これがいまでも頭にこびりついているのである。最初は誰から教えられたのかもちろん憶えていないが、おおかた兄たちからに違いない。

「リカシャ」とは何であるか？ さんざん考えあぐねたわたしは、この齢までずっと、それを「理科者」であろうと推測していた。白衣を着用し、手にフラスコを持つ禿頭の科学者を想像していたのである。それが、何ぞはからん、李鴻章のことであったとは。

内田百閒は一八八九年岡山の生まれとあるから、彼の幼い頃には日清戦争の戦勝気分がまだ日本中に横溢していたことであろう。それとルーツを同一にするであろう尻取り歌が、第二次大戦に日本が敗れてからですら十年十五年と経った後の京都での、わたしの子ども時代にまで伝承されていたというわけだ。いまの子どもたちは知っているかしら？

記録の意味でここにその全部を記しておくことにしよう。

……メジロ、ロシヤ、野蛮国、黒畑、ケン玉、まき豆腐、ふんどし締めた、太閤さんは偉いな、ナンキン大将滅ぼして、天下の豪傑言いよった、たかたかシャッポ盛り上がり、リカシャの禿げ頭、負けて逃げるはチャンチャン兵、兵隊トットコ富山の三十八連隊、太鼓が鳴ったら昼飯や、焼き芋買うて喰うたら屁が出た、狸の金玉百貫目、メジロ、ロシヤ……

このようにして無限に循環し連続するのである。

以上はもちろん、わたしの記憶している限りのことなので、正確なテクストと言うことはできない。いまもって「まき豆腐」とか「たかたかシャッポ」とかが何であるのかわからないし、「焼き芋」から「狸」のあたりにかけては、尻取りの無限連鎖を実現するためにひねりだした後知恵という感じもする。

ともあれ、こうして記憶を呼び起こしてみると、ずいぶんひどい歌である。

「ロシヤ、野蛮国」というあたりは日露戦争を踏まえているだろうし、「黒畑」は、ある人の教えてくれたところでは敗軍の将「クロパトキン」のことだという。「太閤さん」が「ナンキン大将」を滅ぼしたというのは、豊臣秀吉が朝鮮に出兵して明の軍と戦ったことを指すのだろう。「チャンチャン兵」とは言うまでもなく中国兵に対する蔑称であるから、この尻取り歌は、あたかも日本の対外侵略史を一曲のうちに通観する趣すらある。そうとは知らず朝鮮人のわたしがこの歌を唄い、それが幼時の記憶に刷り込まれて現在に残っているのだ。皮肉なことである。

＊

大きい兄ちゃんが高校生のときだから、わたしはまだ七歳かそこらだったはずだが、男兄弟四人で京都市の北方、周山《しゅうざん》のあたりにキャンプに出かけたことがある。テントは隊長である大きい兄ちゃんが担いだ。彼は、その頃までは、わたしたち兄弟で唯一のアウトドア派だったのだ。

小ちゃい兄ちゃんとみっちゃんもそれぞれに釣り道具やら鍋釜やらを担いだが、まだチビだったわたしは荷物運搬を免除されたので、読みかけの本を一冊右手にぶら下げただけの軽装備でヨタヨタと従いて行った。その本というのは平賀源内の伝記である。

目的地の河原に適当にテントを張り、兄たちはそれぞれ川で泳いだり、魚を釣ったり、トマトを盗みに畑に忍び込んだりしはじめたが、わたしは気乗りしなかった。わたしはキャンプなんかより家で本を読んでいるほうがよかったのだ。男の子は外で元気よく活動すべきだという一般常識は、わたしにとってはつねに苦痛のたねだった。

夕食のおかずには、みっちゃんがソーセージを餌に辛うじて一匹だけ釣り上げた、鯰に似たギギという小魚を、大きい兄ちゃんがニンニク、ニラ、唐辛子で朝鮮風に煮付けた。正直なところ、わたしはこういうものより缶詰の鯨肉大和煮なんかのほうが食べたかった。さて寝ようかとなったとき、内心これでようやく本の続きが読めるとよろこんだ。しかし、ランタンの明りが暗いのと蚊が多いのとで本を読むどころではない。それに背中の下は河原なので、大きな石がごろごろと当たって、寝心地の悪いことおびただしい。とうとうわたしは不満をあらわにしてグズり始め、堪忍袋の緒を切った大きい兄ちゃんにゲンコツを一発見舞われてしまった。すぐ上のみっちゃんにはしょっちゅう殴られたが、長兄に殴られたのは、現在にいたるまでこの時だけである。

楽しかるべきキャンプもわたしのせいで台無しになってしまった。痛さよりも、そのことの情けなさで、わたしはめそめそと泣き寝入りしたのである。

＊

泣き寝入りの記憶と結びついたその本は、正式には『万能の才人　平賀源内』という。著者は平野威馬雄。ポプラ社版偉人伝文庫中の一冊である。口絵写真の「エレキテル」に見憶えがある。

三十数年ぶりに頁を開いてみると、「大正十三年の二月、（源内は）従五位をおくられました。」というくだりが偶然目についた。

そんなことは知らなかった。一九二四年（大正十三年）というと、源内の没後百四十五年である。どういうつもりだったのだろう？

これはかれの、日本科学にたいする偉大な功績がみとめられたからにほかならないのであります。晩年牢獄にとらわれ、獄死したかれとしては、まことに破格の恩命といえるでしょう。

「破格の恩命」などということの意味が、当時七歳のわたしにわかったはずはない。奥付には一九五六年発行とある。すでに戦後十年が経っているというのに、なんとまあ戦前の尻尾をぶら下げたままの記述であることか。かえって可笑しいくらいである。

この偉人伝文庫のラインアップを眺めてみると、『リンカーン』『カーネギー』『フォード』などとともに『ゲーリック』まである。そのコピーは「アメリカが生んだ不世出の打撃王の高潔な人格と不屈のスポーツマン魂」である。一方、『狩野芳崖』とか『新島襄』『佐藤信淵』『石川理紀之助』などというシブい顔ぶれもある。そうかと思えば、「日本の光明とあおがれた英明二人となき明治天皇の日本興隆のために捧げた苦難のご生涯」という『明治天皇』もあるが、その著者は山中峯太郎である。「戦前」と「戦後」とが無秩序に混在しているようだ。戦後文化というものの、実際の書き手は顔ぶれも「戦前」からおなじみであり、当然、ものの考え方

『万能の才人　平賀源内』（ポプラ社、
初版 1956 年）の表紙

も表向きに言うほど一変したはずもない。それに、この本の出版当時はサンフランシスコ単独講和の直後だったので、「戦前」が勢いを盛り返してもいたのだろう。その頃愛読した中村孝也著『世界史めぐり』（妙義出版、一九五二年刊）というのも押入れにあった。

「清国は眠れる獅子か、病める豚か」という文句を、わたしはこの本で初めて知ったのである。そのことを不思議にくっきりと憶えているのは、さっそく社会科の授業中に披瀝して先生に褒められた憶えがあるからだ。

今回そのくだりを捜してみると、次のような記述があった。

　日本は北京条約の年から七年目に幕府が亡び、明治維新から後は、鎖国攘夷などはけろりと忘れて、近代国家になることについて一生懸命骨を折ったが、清国はなかなかそうはいかない。のろくさのろくさしてはかどらず、相変わらず尊大ぶっているうちに、一八九四年、日清戦争がはじまった。大きな清国は日本を馬鹿にしてかかったところ、案外ころりと負かされてしまった。

この本も巻頭では、日本は立憲民主主義の国として再出発することになりましたとか何とか書いてあるのだが、中味はまるで「戦前」のままである。日清戦争は朝鮮半島を主戦場として戦われたのであり、朝鮮はこの戦争の後、日露戦争を経て外交自主権を日本に奪われ、やがて日本の植民地支配を受けることになった。近現代の日本社会を貫くアジア蔑視観はこの戦争を起点に形成されたとも言える。そんなことは知らないわたしは、中国を見下す日本人の立場に自分を置き、獅子とか豚とか知ったかぶりをして小学校で褒められていたわけである。

＊

一九九二年の夏、わたしは、中国吉林省の延辺《えんぺん》朝鮮族自治州を訪れた。かつて「間島」と呼ばれたこの地域は、朝鮮半島、「満州」、それにロシアが境を接し、日本による支配を逃れようと二〇世紀の初頭以来多くの朝鮮人が移住した。そのため、この地方は日本の中国侵略の橋頭堡となり、同時に朝鮮人と中国人による抗日闘争の戦場ともなったのである。

朝鮮と中国の境にそびえる白頭山に登り、山頂から四方を見渡すと、裾野にはまさしく暗い海のように鬱蒼とした樹海が広がっていた。山を降りて、ふもとの自然博物館を覗いてみると、この地方の野生動物たちの剥製が陳列されていた。もちろん虎もあったが、意外に貧相でがっかりした。というのも、子どもの頃に愛読したニコライ・バイコフ原作富沢有為男著の『偉大なる王《ワン》』を思い出していたからである。

この作品は「満州」の密林を舞台とする、巨大な虎の生と死の物語である。この虎の額から首筋を飾る「王大」と読める縞模様は、代々続く密林の王者のしるしであり、先代の王大は白頭山に棲む朝鮮虎だったのだ。

バイコフの描く、動物対動物、人間対動物の無慈悲で妥協のない闘争には、子ども向けの絵空事に終わらないリアリティーが感じられた。しかも、土着の人々の大自然に対する畏敬や愛惜の感情もよく描かれている。キプリングの『ジャングル・ブック』などよりもはるかに面白かった。夢中になったわたしは、小ざかしい人間どもの造った国境なんか気にもかけず、重畳たる山なみや海底のような深い森を自由に歩き廻る虎の雄姿をうっとりと空想したものだ。しかし、さしもの密林の王者も、ひたひたと押し寄せる人間どもに追いつめられていくのである。その背景には、近代文明に名をかりたロシアと日本とによる「満州」侵略があることはいうまでも

子どもの涙（二）

『偉大なる王』（講談社、初版 1959 年）の挿絵

ない。

著者のバイコフはもともと、ロシアが敷設した東清鉄道の守備隊の軍人として「満州」に来たのだが、動植物学を研究するかたわら自然調査に従事し、すっかり「満州」の自然のとりこになった。ロシア革命後は亡命者となり、亡命先のインドからふたたび「満州」のハルビンにやって来た。原作は日独防共協定と二・二六事件の年（一九三六年）に、長谷川濬の訳で「満州日日新聞」に連載されて評判になった後、文藝春秋社から出版されて当時のベストセラーになった。その読まれ方には、鬱々とした世相からの息抜きとともに、軍国日本の威勢を背にした似而非浪漫主義的な気分もあったと思われる。

革命と戦争の時代の祖国喪失者であったバイコフは、「国家」に絶望し「自然」へと自己を沈潜させたのだろう。だが、虎の王大がそうだったように、無慈悲な現実政治は彼をそのままにしておいてはくれなかった。日本の敗戦後、無国籍者として中国大陸に取り残された彼は、一時期日本に身を寄せた後、オーストラリアに渡って孤独に世を去ったという。

子どもの涙（三）

エーリッヒ・ケストナー『飛ぶ教室』

小学校時代、わたしにとっていちばんイヤだったのは給食費とか修学旅行の積立金とかが徴収されるときだった。そのほかにも、肝油や駆虫薬の申し込みをするとか、雑巾を縫うための適当な布切れを持ってくることとかもイヤだった。

わたしの母は、子どもの学校にかかわるそういう小さな用件に遺漏なく気を配ることができなかったのである。わが家がひどく貧しかったとは言えないが、それでも時たま給食費にもこと欠くことがあったのは事実だ。それに、母はものすごく忙しかった。だが、ほんとうの理由は、母は字が読めず、学校からもらってくる保護者へのお知らせのプリントなど読めなかったからである。その上、長い間母は字が読めないことをわたしには気どられまいとして、読んだふりをしていた。

給食費を入れた袋を提出しなければならない土壇場で、初めて気がついたように「あっ、忘れた」と大声を出すのがわたしの得意技だった。だが、それも二度三度と重なるとウソとわかってしまう。それだけに先生も困ったのだろう、ある日の放課後ひとりだけ残された。叱られるのかと思ったら、やさしい声で「うちが困ってるのなら遠慮なく言いなさい」と言われた。「うちは貧乏と違います。ただ……」とだけ答えたが、「ぼくのお母ちゃん、字が読めへんから」と声に出して続けることはできなかった。

「泣くこと厳禁！」

わたしは、そう心の中で唱えていたのだが、「どうした？」と畳みかけられると、もろくも涙をこぼしてしまった。

先生は「よしよし、もういい、もういい」と言ってくれたが、心ではどうやらわが家を貧乏ということに決めたようだった。わたしは、垂れる鼻水をすすり上げながら、まあそういうことにしておいてもいいか、とホッとしていた。

＊

「泣くこと厳禁！」というのは、『飛ぶ教室』の主人公マルチン・ターラーが自分に言い聞かせたことばである。

給費寄宿生マルチン・ターラーの両親は、クリスマス休暇がくるというのに、ようやく五マルクしか息子に送ることができない。それも大晦日までという約束で仕立て屋に借金したのだ。だが、マルチンが帰省するには旅費に八マルク要るのである。マルチンの母は手紙を書いてくる。帰省をあきらめそのお金でチョコレートでも飲みなさい、たまにはそり遊びもしなさい、そして互いに泣かないと約束しましょうと。

マルチンは「泣くこと厳禁！」と自分に言い聞かせながら、寄宿舎でクリスマスを迎える決心をする。親に捨てられたため帰省先のないヨナタン・トロッツを除けば、寄宿舎には誰もいなくなるのである。

このくだりを、わたしはなるべく読まないようにしている。読まなくても暗記しているからだし、読めば、子どもの時とまったく同じように、今でもかならず鼻の奥がキナ臭くなってきてしまうからである。

このようにわたしは、小学校四、五年の頃には、普段の生活の中でも頻繁に『飛ぶ教室』の場面や登場人物を連想するようになっていた。たとえば、ぼくらの先生は「正義先生」とは大違いだとか、将来「禁煙先生」のように生きるのも悪くないけれど、ピアノが弾けないからどうしようか、とか。

ちびのウリーが勇気を示すために体操用の高い梯子から飛び降りる場面を読んだときは、それを真似ることを真剣に心に想い描いた。わたしは鉄棒が大の苦手で、体育の時間になるとしばしばみんなに笑われていたので、ウリーと同じように、自分が臆病と見られているのではないかと気にしていたのである。その上、ウリーのように骨折して入院でもすることになったら……。そうしたら、クラスの女の子が折り鶴やお菓子をもってお見舞いにくるだろうか。

わたしは、その想像にうっとりとした。こういう、ある年齢の子どもに芽生える逆説的な英雄願望を、さすがにケストナーはよく心得ている。

*

子どもにとって最も辛いことは親に愛されないことだろう。貧しい上に愛されないとなると、これは子どもにとって地獄である。

小学校時代のわたしにとって、わが家は貧乏なのかどうかということは、つねに大いなる謎であった。

ひもじい思いをした覚えはないし、家に金のあるときは欲しいものはたいてい買ってくれたが、そのつもりで何かをねだると、突然「うちは貧乏やのに、ぜいたく言うな！」と怒鳴られたりするので油断ならなかった。

わが家には門があった。そのため、西部劇ごっこをするときはわが家はいつもインディアンの攻撃を受ける砦に見立てられた。わたしたちは、門扉にまたがってバキューンバキューンと口々に叫びながら想像上のライフル銃を撃ちまくった。友人たちの多くが湿っぽい路地の長屋に住んでいた頃のことである。門のある家に住んでいて、貧乏といえるだろうか？

ある日、学校から帰ると門が堅く閉ざされていた。内側からカンヌキがかかっているのである。だが、わたしは少しも慌てなかった。門扉と地べたとの間にはわずかな隙間があって、そこはちょうど頭をかろうじて通すだけの幅があるのである。ランドセルを放り込んでから腹ばいになって横にした頭を通すと、あとは爬虫類のようにずるずると這って中に入った。そうやって台所に入ってみると、誰もいないように見えた居間の暗がりに母がじっと座っていた。わたしが帰ってきたことはわかっているはずなのに何も言わず、振り向きもしない。これは変だぞ、と考えたわたしは、ご機嫌を取り結ぼうとおどけて、母の顔を覗き込んでバアーとやった。そのとたん、母はどうしたか？　手近にあった茶碗をわたしに向かって思いっきり投げつけたのである。茶碗は危ういところで的をそれ、柱にあたって砕け散った。すっかり動転したわたしは、一目散に戸外へ逃げだしたのだが、そこでやっと、母が声を立てずに泣いていたことに気がついたのだった。

ヒステリーの爆発である。わたしは母が三十の時の子だから、あの頃母はまだ三十代の後半だったことになる。子どもの頃には、その不意の爆発の原因など見当もつかなかったが、後で考えてみると、経済的なことか、それとも父の不品行か、そのどちらかでしかなかったはずだ。

わが家は隣近所に先駆けてテレビを買った。プロレスや野球を観戦するため、夕飯時を過ぎると町内の人々がわが家の居間に集まった。これが貧乏といえるだろうか？

しかし、そのテレビで見てわたしの記憶にしっかりと焼き付いているのは次のようなドラマである。

ある母子家庭の幼い子どもが卵が大好きなのだが、貧しくてなかなか買ってもらえない。いつもいつも店先の卵を飽きずに見つめている。ある日、不憫に思った店主がひとつだけその子に卵をめぐんでやる。喜んだその子はいさんで家に帰り、働いている母親に卵を見せるのだが、盗んで来たものと早合点した母親はその手から卵をはたき落としてしまう。やっと手にした卵は足もとで無惨に割れてしまうのである。あの頃、卵は今ほど気軽に口にできる食品ではなかったのだ。こんなことを憶えているのは、わたし自身、卵が好きだったからだろう。

その当時繊維原料のブローカーのようなことをしていた父の商売は、とにかく浮き沈みがめまぐるしかった。儲かったときは銀行に行く暇がないのでタンスと壁との隙間に無造作に札束を突っ込んでおいたもんだと自慢していたかと思うと、しょっちゅう不渡り手形を掴んでは借金とりから身を隠すという調子だった。

電話をとって、それがもしイマムラという人からだったら「おとうちゃん、いま居ません。誰も居ません」と答えるようにと母に教えられていた。イマムラというのは金融業者の名前である。ある年の大晦日には、部屋まで上がり込んだ陰気な顔のイマムラ氏が、わたしたち兄弟と一緒に紅白歌合戦を見ながら父の帰りを待っていたこともあった。

わが家は金持ちなのか、それとも貧乏なのか、それが大問題だった。

子どもの頃わたしがはげしく羨んだのは堅実な中流サラリーマンの家庭であり、上品で字の読める母親だった。そういう羨望を抱くこと自体がひどく罪深いことだとも思うので、間違っても母や兄弟に気づかれないように絶えず緊張していた。

＊

小学校の二年上、すぐ上の兄のみっちゃんと同じ学年に新井というワルがいた。ワルといっても番長とまではいかずナンバーツーかスリーといったところだったが、いつも手下を連れており、おとなしい相手ばかりを選んでインネンをつけては小銭をまきあげたりする。だいたい朝鮮人のワルは同じ朝鮮人生徒をいじめないことが不文律のようになっていたのだが、新井はおかまいなしだった。ひどく可愛いげのないワルなのである。

新井というからには本名は朴《パク》だったのだろう。彼の母親は唐辛子や干し明太《メンタイ》など朝鮮の乾物を乳母車に積んで売り歩くことをなりわいとしていた。わが家にもよく来て、ものが売れても売れなくても、朝鮮語と日本語のチャンポンで母と世間話をして行く。母は母で「アライのおばさん」とか「ねえさん」とか呼んで親しみをあらわしていた。朝鮮の女性は血のつながりのない相手でも年上なら気軽に「ねえさん」と呼ぶのである。

ある年の三学期のはじめ、わたしは、みっちゃんとお揃いの新しいジャンパーを着て登校した。その前年は父の商売もうまくいったらしく、わたしたち兄弟は正月用にお揃いのジャンパーを買ってもらったのである。放課後になってジャングルジムで遊んでいると、砂場のところで新井とその手下とがみっちゃんを取り囲んでしきりに小突くようにしているのが見えた。「新しいジャンパーなんか嬉しそうに着て、金持ちやからってエエカッコするなよ」というのである。

「そうと違う、ほんまは金持ちと違う」とか「おまえとこのおばちゃん、うちのおかあちゃんと友だちなんや」などというのは、わたしが心の中で叫んでいただけで、もどかしいことにみっちゃんは石のように押し黙ってなされるがままである。このままではいけないと気はせいたが、先生に言いつけに行くのは最も卑怯な行為のような気もする。それでは返り打ち覚悟で加勢に行くべきか。それが男というものじゃないか、と心の中で叱咤する声があるが体はいっこうに動かない。何しろわたしは二年も年下で腕力にはからきし自信がないのである。

何とかならないかとあたりを見渡していると、これぞ天佑神助か、もう中学に上がっていた小ちゃい兄ちゃんが友だちの張在国と一緒に通りがかるのが見えた。張在国は体こそ小柄だがちょっとしたケンカ上手で通っていた。わたしは懸命に走って彼らに急を告げたのである。

小ちゃい兄ちゃんと張在国とがやってくると、形勢はにわかに逆転した。新井の手下は早くも逃げ腰になっている。

「どうしたんや？」と小ちゃい兄ちゃんに言われて、新井は「別に……」と口ごもる。だが、みっちゃんはみっちゃんで「助けてくれ」などということは口が裂けても言いそうもない。

そうしているうちに、小ちゃい兄ちゃんは「そんなら、おまえら一対一でやれ」と言い出した。その傍らでは張在国がニヤニヤ笑って見守っている。

わたしは内心ヒヤヒヤしていた。一対一といっても、もし負けたらどうするんだ……。

とうとう後には引けなくなって、みっちゃんと新井が向かい合った。だが、それも一瞬のことだった。みっちゃんが繰り出した最初の右ストレートが新井の左目にまともにヒットしたのだ。新井は左目を抑えたまま呆気なく泣きだしてしまった。

「ほれ見てみぃ、やっぱりこいつは力だけは強いのや」と、小ちゃい兄ちゃんはまるで自分の手柄のように得意満面だったが、当のみっちゃんは酸っぱいような困惑顔で黙ったままだった。

そのことの後、もうアライのおばさんはうちには来ないだろうかとも心配したが、案ずることもなく、おばさんはやって来た。おばさんも母も子どものケンカのことなんか一言も口に出さなかった。だが、それもおばさんには新井のことをいちいち気にしている余裕なんかなかったからかもしれない。

ひどく苦労していたことを差し引いても、アライのおばさんはとても老けて見えた。考えてみれば、あのおばさんは新井の母親ではなく祖母だったのかもしれない。父親はいったいどこでどうしたのか、新井はおばさんの細い稼ぎだけで育てられていたのである。

新井はおばさんからわが家の様子を時々は耳にしていたのかもしれない。浮沈に翻弄され続けたとはいえ、わが家には両親がいたし、景気が良ければ兄弟お揃いのジャンパーを買ってくれたりもした。新井にはそういうことはなかったのである。ケンカが強くて恐れられていたのに、この一件でそれもとうとう墜ちた偶像になってしまった。新井の日々は子どもにとっての地獄だったのかもしれない。

なぜ新井と争わなければならなかったのだろう？

さりとて、ほかにどうすることができただろう？

わたしはいくらか新井少年の不幸にも思いが及んで、不条理感と言うと大げさだが、なんだか遣りきれない気もちになった。一発でノックアウトしたというのに、みっちゃんが憂鬱そうだったわけもこういうことだったかもしれない。

子どもの頃はよかった、できることならあの頃にかえりたい、と誰もが言う。わたしとてそういう気もちがないわけではない。だが、つぶさに振り返ってみると、懐かしさや楽しさと同じくらいに、子どもなりの悲しみや苦しみが心によみがえってくるのである。

＊

『飛ぶ教室』を、最初に読んだのは植田敏郎訳の講談社版だった。だから、大人になってからゾルゲ事件のことを調べていて、通訳官の名が「植田敏郎」となっていることを発見したときには複雑な感慨にとらわれた。こういう重大な仕事を官憲から委嘱されたということは、それだけ植田敏郎の語学力が秀でていた証明でもあろうか。東京拘置所の狭く暗い取調室でゾルゲと向かい合っていたその人が、のちにドイツ少年たちの善意と友情の物語を翻訳したのである。通訳官植田敏郎は囚われのゾルゲに対し、どのような態度で接したのだろう……。

こういうことが気になるのは、わたしの中では、『飛ぶ教室』の少年たちとゾルゲとは結びついているからである。まさにゾルゲの人間像こそ、正義感と人情味に溢れ、批判精神と自立心に富んだマルチン・ターラーやヨナタン・トロッツの成長した姿なのだ。あの少年たちは――と、わたしは実在の人物たちのように想像してしまうのだが――成長とともにファシズムの狂熱や戦争の酷薄を経験しなければならなかったのである。

いったい彼らの何人が、少年時代と同じように真っ直ぐであり続けることができただろうか？　そして、何人が、戦場や牢獄で理不尽に死んでいったのだろう？

ケストナーは一九二九年の『エミールと探偵たち』で大成功を収め、その後も次々に作品を発表したが、一九三三年にナチスが政権を奪取してからはさまざまな圧迫を受けた。

彼自身がこう書いている。

一九三三年、私の本が国立歌劇場のとなりの大広場で、ゲッベルス（ナチス宣伝大臣）という男によって、陰惨な大げさな芝居ざたで焼かれた。……（その時焚書された）二十四人の著作家中、私はこの芝居じみた厚顔さに立ち合うためにみずから現場にあらわれた唯一のものであった。私は、あごひもを締めた突撃隊学生の間にはさまれて、大学の前に立って、私たちの本がめらめらと燃える炎の中に投げ込まれるのを見、うそつきゲッベルスの長広舌を聞いた。……突然かん高い声が叫んだ。「あすこにケストナーが立っているわ！」

（高橋健二『ケストナーの生涯』駸々堂）

ケストナーは、わざわざ自分の著書が燃やされる現場を見に出かけたのである。そして、いたずらを見とがめられた子どものように、はしこく人ごみに体をかわして危地を脱したのだという。まさにこの一九三三年に発表された『飛ぶ教室』は、ナチス崩壊までに彼がドイツ国内で発表することのできた最後の作品なのである。

その後ケストナーはドイツ国内での著作の発表を禁じられ、貯金を差し押さえられ、二回逮捕され、たえず生命を脅かされ続けた。ドイツ敗北の前夜には、ナチス

子どもの涙（三）

『飛ぶ教室』（大日本雄弁会講談社、初版 1953 年）の挿絵

が道連れにしようとした処刑予定者リストにあげられていたという。

それでもケストナーは亡命の道を選ばず、危険を冒してドイツ国内にとどまり続けた。その心境を、のちに詩に歌っている。

私はザクセンのドレースデン生まれのドイツ人だ。
故郷は私を放さない。
私は、ドイツで生えた木で、
やむなければ、ドイツで枯れる木のようだ。（高橋健二前掲書）

ケストナーが国外に亡命しなかった理由は、もちろんナチスの暴政が長続きするわけがないという信念のゆえであっただろうが、年老いた母親のそばを離れたくなかったためでもあったという。世にマザコン男は多いが、こういう勇気あるマザーコンプレックスは素晴らしい。

『飛ぶ教室』で、わたしが最も気に入っているのは、実は「第二のまえがき」である。ここでケストナーは、「子どもたちをだまして、はじめからおわりまでおもしろがらせ、愉しさで夢中にさせようと」するような児童書を書く者に憤慨して、こう言っている。

どうしておとなはそんなにじぶんの子どものころをすっかり忘れることができるのでしょう？　そして、子どもは時にはずいぶん悲しく不幸になるものだということが、どうして全然わからなくなってしまうのでしょう？（中略）子どもの涙はけっしておとなの涙より小さいものではなく、おとなの涙より重いことだって、めずらしくありません。

おとなの涙を知る者が、子どもの涙を知る。子どもの涙がわかる者が、おとなの涙もわかるのである。

豆を煮るに

吉川英治『三国志』

一九六〇年代の初頭には、わたしたち一家は京都市の下町の二階家で暮らしていた。その家には裏に倉庫がくっ付いていたが、もともと繊維原料を商っていた父は、その頃は倉庫を工場に改造してプラスチック成型の仕事に手を伸ばしていた。父の生涯の中ではまずまず羽振りのよかった時期に該当するが、それでも母は毎日髪を振り乱すように働いていたという印象が残っている。

わたしは小学校四年生の終わり頃か、あるいは五年生になってから、ようやく二階で暮らすようになった。三人の兄のうち十歳離れた長兄はすでに東京の大学に通っていたので、「小ちゃい兄ちゃん」と呼んでいた次兄が、三兄の「みっちゃん」とわたしとを引き従えて二階を取り仕切っていた。まだ幼かった妹は階下で両親と一緒に寝起きしていた。二階に移るということは親離れの第一歩を意味する通過儀礼だった。

小ちゃい兄ちゃんは幼い頃からの本好きで、近所の本屋で一時間でも二時間でも立ち読みして粘るので、店主がとうとう根負けして、いつも彼にだけは椅子を出してくれるようになったという。このエピソードは母のお気に入りで、この話をするときの母は、ほんとうに幸せそうであり誇らしげでもあった。それに比べて、みっちゃんは本を読むのがあまり好きではないようだったが、いまになって思うと、母があんまり小ちゃい兄ちゃんばかりを自慢にしたことの反作用だったかもしれない。
二階には多くの本が散乱していたが、その大半は小ちゃい兄ちゃんが読み散らかしたものだった。床の間の天袋には子どもの目から遠ざけておきたいたぐいの本がしまい込んであった。誰もいない昼下がりなど、椅子を踏み台にして、背伸びしてそこを探ることは、わたしにとって、えもいわれぬ後ろめたい愉しみだった。その中にあった谷崎潤一郎の小説集を小ちゃい兄ちゃんが読んでいるのを見て、わたしも早速に『鍵』や『痴人の愛』などを盗み読みした。ほとんど理解できなかったのだが、小ちゃい兄ちゃんに見つかって「お前にはまだ早い」と取りあげられてしまった。その小ちゃい兄ちゃんも、どういうわけか柴田錬三郎の『眠狂四郎』シリーズについては見て見ぬふりをしていた。それによってわたしは「夜鷹」というのは鳥の名だけではないということを知って、ちょっと興奮した。なぜかというと、そのほんの少し前に宮沢賢治の『よだかの星』という童話を読んでいたからだ。

*

当時は、とくに朝鮮人の家庭ではそれが普通だったと思うが、わたしたち兄弟は一つの大きな布団でいっしょに寝たものだ。夏は青い蚊帳を吊ったし、冬には炭火の炬燵を入れた。いま思っても、炬燵を蹴り倒して火事を出したり、一酸化炭素中毒になったりしなかったのが不思議である。

小ちゃい兄ちゃんはちょっと過剰なくらいにわたしをかわいがった。玩具のように扱っていたとも言える。みっちゃんがそのことにも複雑な視線を投げかけていることにわたしは薄々気づいていて、わたしなりにぎこちない思いもしていたのだ。だが、小ちゃい兄ちゃんは一向に意に介する様子がなかった。

小ちゃい兄ちゃんはいつも布団に入ってからわたしが眠りにおちるまで、古今東西の面白おかしい物語を語ってくれたものだ。彼は驚嘆すべき物知りであり、かつ語り部であった。『宝島』『岩窟王』『鉄仮面』などはもちろんのこと、『八犬伝』や『山田長政』から『佐倉義民伝』にいたるまで、汲めども尽きなかった。

『十五少年漂流記』を語ってくれたときには、わたしは知らず知らずジャック少年に自分を重ね合わせてしまうのだった。いたずらでスルギ号の艫綱《ともづな》をほどいて少年たちの苦難の原因をつくってしまったジャックは、長い間その負い目に苦しむ。

そして、とうとう兄のブリアンに秘密を打ち明けたとき、ブリアンは罪をつぐなうために弟にも自分自身にも、最も自己犠牲的な仕事を課すのである。おさな心にわたしは、自分たちもそんな兄弟でありたいと願ったものだ。

なぜ、あんなふうだったのだろう？

ある意味では、あの時期わたしはあの兄に育てられたという気すらする。いま考えると奇異の感を禁じえない。

＊

小ちゃい兄ちゃんが得意中の得意としたのが、三国志である。「天下三分の計」とか「泣いて馬謖を斬る」あるいは「死せる孔明、生ける仲達を走らす」などということの意味をわたしに教え込んで悦にいっていた。「赤壁の賦」や「秋風五丈原」の名場面を語って興がのると、枕許に藁半紙と鉛筆を引き寄せて、蝋燭のように長く垂れ下がる鼻汁をすすり上げすすり上げしながら、軍勢の配置や作戦を巧みに図解してくれた。

戦争ごっこをするときには、小ちゃい兄ちゃんは大将より参謀とか軍師になりたがった。諸葛孔明を気どっていたのだろう。

家から近い山陰線の線路裏に腐臭を発する汚い池があったが、そのほとりがわたしたちの軍勢の集合場所だった。そこから隊列を組んで北野の天満宮まで二キロばかり行軍し、境内の林や川辺で二手に分かれて演習を行うのである。演習の後には、参謀の講評を受けるのが常だったが、その中で小ちゃい兄ちゃんは「天の時、地の利、人の和」などという語彙を好んで用いた。神妙に整列した十人ほどのガキどもを前に、腕を後ろに組んで胸を反らせた彼が「えへん、えー、本日の演習はグンキ的にはまずまずだったが、シキ的にはまだまだであった……」と講評していた姿をまざまざと記憶している。そんなことは、わたしはもちろん、ガキの兵卒たちにはチンプンカンプンだったのだけれど、わたしだけ家に帰ってから、「グンキ」は軍紀のことであり、「シキ」は士気のことであることを、直接、彼に教えてもらった。彼が中学校一年だったときのことである。まだ小学校二年のチビで運動能力にも劣る二等兵のわたしは、そういう彼を尊敬し自慢に思っていたのだった。

彼はよく父のことを「まるで劉備玄徳みたいや」と評していたが、事業で成功するにはあまりにお人好しで優柔不断だという意味である。わたしは趙雲子龍の大ファンだったのに、「おまえは王平か、せいぜい馬岱くらいだ」と言われてがっかりした。馬岱や王平は、際だった才能には恵まれないがどこまでも忠実に義務を果たすというタイプである。

一方、わたしとは三歳違いで、一足早く思春期に突入していたみっちゃんは、軍隊ごっこのようなことはあまり好まず、何かといえばひとりになりたがった。彼は自他ともに許す偏屈者で、理由も言わず狭苦しい押入れに何日も籠ったりしていた。そうかと思うと、もともと運動能力の優れていた彼は、夜ふけに突然、軟弱なわたしを鍛えるのだと言い出して、往復四、五キロはある御室《おむろ》の仁和寺《にんなじ》まで長距離走を強いたりした。わたしにとっては有難迷惑でしかなかったが、彼は苛立つとすぐに手を上げるほうだったので反抗する勇気もなく、いやいや走った。正直のところ、幼い頃のわたしは彼を恐れ敬遠していたのである。後から考えると、わたしに対して次兄とは違う自分流の愛情表現をしようとしていたのかもしれない。別の見方をすれば、わたしという弟をどちらが自分の傘下に取り込むかというせめぎ合いだったと言うこともできる。

みっちゃんをからかって、小ちゃい兄ちゃんは常々「おまえには魏延みたいな『叛骨』が突起している」と言っていたものだ。触ってみるとたしかに後頭部にちょっと異様な骨がとび出ていた。魏延は勇猛だが知略に乏しく、野心や反抗心に富む武将である。最後には反乱を起こすが、孔明には事前に見透かされており、そのはかりごとによって味方と信じていた馬岱に背後から斬り捨てられる。次兄は自分を諸葛孔明になぞらえ、弟のひとりを反抗者に、ひとりを忠義者にあてはめていたわけである。思えば、次兄と三兄がしばしば激しく諍うようになっていったのもこの頃からだった。

その後みっちゃんは、魏延のようにではないけれど、ほんとうに反抗者としての人生を生きることになった。

＊

小学校を卒業する年、クラスの学芸会か何かで三国志の「桃園の契り」の一幕を上演した。もちろん、わたしの発案である。これも小ちゃい兄ちゃんの影響には違いないが、わたし自身も、それまでに柴田錬三郎が子ども向けに書いた偕成社版の『三国志』を読んでいたのだ。大きな板を切り銀紙を貼りつけて青龍刀をつくったり、忙しい母に無理を言って古毛糸で関羽の髭をつくってもらったりした。関羽役は、ひょうきんなギョロ目の初田君にあたった。張飛の役を受け持った友人とは仲良しだったのだが、目の細い困ったような顔つきが浮かんでくるだけで名前はどうしても思い出せない。初田君だけは大得意だったが、この劇は他の子どもたちにはあまりうけなかったようだ。

小ちゃい兄ちゃんが愛読していた吉川英治の『三国志』を、わたしが実際に読んだのは中学に入ってからのことだ。中学では芥川龍之介とか太宰治なんかが流行っていたし、わたし自身はその頃から萩原朔太郎などの詩を読むようになり、自分でも真似ごとで詩を書いたりもするようになっていた。だが、小ちゃい兄ちゃんにはそのことを少女趣味と嗤われ、「詩人」とあだ名されて揶揄され続けた。男なら三国志のようなものを読め、というわけである。

裏の工場の天井裏にベニヤ張りで部屋が造ってあって、いま思うとまさに劣悪な労働環境と言うほかないが、そこは従業員寮として使われていた。わたしたち兄弟はさらにその一隅を勉強部屋と称して板で囲い、誰にも干渉されない空間を確保していた。忘れもしないが、中学一年生の初夏の頃、学校から帰るとまっすぐにその暑苦しい小部屋に籠って、ひたすら吉川英治の『三国志』に読み耽った。「寝食を忘れる」というのがどういうことなのか、あの時に初めて体験したという気がする。それから現在にいたるまで、いったい何回読み返したか知れない。そして、年齢を重ねるにしたがって、新しい発見をすることにもなる。

一例をあげれば、劉備玄徳の軍勢に脅かされ国家存亡の危機に瀕した蜀の劉璋は、漢中の張魯に援助を求めるのだが、そこのところで吉川英治は「危険なる思想的侵略主義の国に泣訴して」という表現を用いている。この表現だけは、全体の流れるような名調子からどことなく遊離していると感じたのは大学生になってからのことだ。

もちろん、漢中が五斗米教という「邪教」を奉じる国であり張魯がその教主であることを言うのだが、同時に泥沼化した日中戦争から太平洋戦争へと進む、本書執筆当時の時代的脈絡から考えると、やはり「危険なる云々」というのは「ソ同盟」を指してもいるだろう。そういうことを言い始めれば、本書の全体がそのような時代的背景と骨がらみに結びついているのは当然だけれど、上手の手から水が漏れるように、さすがの吉川英治もこの部分でだけは身も蓋もない不用意な形容をしてしまったようにわたしには思えた。

「三擒三放」というのは、「南蛮」に遠征した孔明が未開の「蛮族」を「王化の徳に浴せしむる」ため、蛮族の大将孟獲を三度捕らえて三度釈放したという話で、子どもの時には夢中になったくだりである。だが、こういうことも、前記のような時代的背景を考えれば、とくに朝鮮人であるわたしは、一度は自分を孟獲の身に置いて読んでみなければならない。そんなことにも気づくようになる。

そういう発見と反芻が、また、面白くてならないのである。

ちなみに、この作品は一九三九年八月二十六日から四三年九月五日まで「中外商業新報」などの新聞に連載された。まさに、戦争とともに書かれ読まれたと言えるだろう。

中国を中心としつつ朝鮮やヴェトナムを含む漢字文化圏に共通する、ユニバーサルな情緒の基盤が三国志にはある。たとえば名分論といった価値観が支配層にだけでなく東アジアの庶民階層の間にまで血液のように浸透しているのにも、こういう偉大な通俗小説の役割があずかって大きかったはずだ。三国志を読むたびに、良かれ悪しかれ、わたしにもそういう「血液」が流れていることを感じさせられる。

そういうユニバーサルなものの基盤の上に各民族や地域、また時代ごとの独自な読まれ方や味付けが施されているのである。そうなると、朝鮮やヴェトナムで三国志が時代ごとにどのように読まれてきたかを調べてみなければならないことになるが、そこまでは手がまわらない。

皮肉だなと思うことは、吉川英治の『三国志』によってこの「血液」を注ぎ込まれたために、わたしの中に「大東亜共栄圏」的なものも少し混じってしまったかもしれない、ということである。

＊

ところで、三国志を読んで血湧き肉踊る合戦や冷血非情な権謀術策の描写が面白いのは言うまでもないことだが、初めて読んだときから、わたしは、「七歩の詩」のくだりに奇妙に愛着を感じていた。

魏王曹操亡き後を襲った長男の曹丕は、とりまき連中の佞言《ねいげん》に乗せられて三男曹植に異心ありと疑い、これを除かんとする。世間では、曹植のことを「口を開けば、声は章《ふみ》を成し、咳唾《がいだ》は珠《たま》を成す」などと褒めそやし、曹家の兄弟のうちで最も才能豊かであり王たる器だと噂している、今のうちに言いがかりをつけて殺したほうがよい、というのである。さっそく曹丕は曹植を呼び出し、衆人環視の中で七歩あるく間に詩を作れとの無理難題を命じる。そこで曹植が即興に詠ったのが「曹植七歩詩」である。

豆ヲ煮《ニ》ルニ豆ノ萁《マメガラ》ヲ燃《タ》ク
豆ハ釜中ニ在ッテ泣ク
本是レ同根ヨリ生ズルヲ
相煎《ニ》ルコト何ゾ太《ハナハ》ダ急ナル

同じ親から生まれた兄弟なのに何故そんなにつらくあたるのか、というわけである。

「さすがの曹丕もついに涙を流し、群臣もみな泣いた」というのだが、兄弟を豆と萁になぞらえた思いつきは別として、どう読んでもさほど上等な詩ではない。「咳唾は珠を成す」と言うほどのものではない。

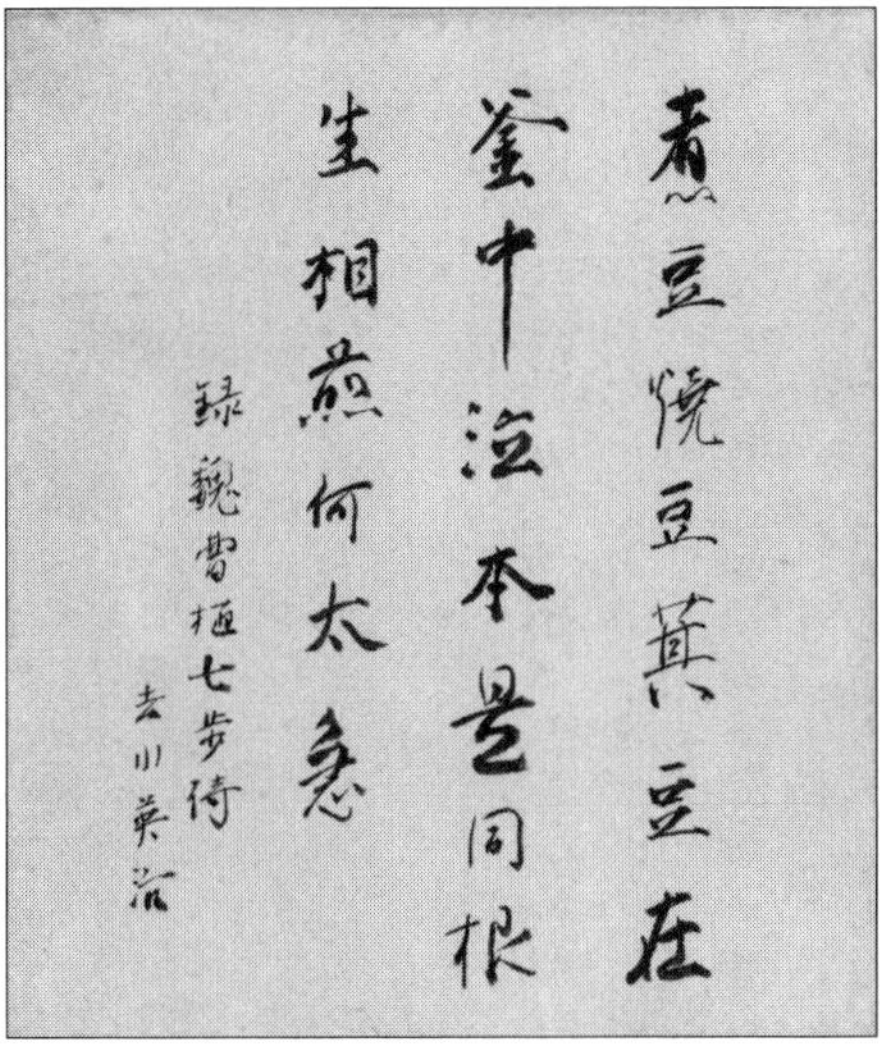

吉川英治色紙「曹植七歩詩」
（吉川英治記念館蔵）

ただ、あざとい世継ぎ争いの場面に詩文の才への嫉妬を絡ませるという、一見不似合いな設定そのものが、中学生のわたしには不思議に面白くて、すっかり頭にこびり付いてしまったのだ。すなわちこれが、わが生涯で最初に暗記した漢詩ということになる。もちろんこれは、ほんとうは不似合いどころではなく、中国では伝統的に詩文の才こそ王たる者に不可欠の資質とされてきたのだが、それを知ったのはもう少し成長してからのことだ。

＊

中学生の時に読んだ六興出版の『三国志』はいつの間にか失われてしまって、いまわたしの手許にあるのは講談社の吉川英治全集版である。初版は一九六六年であり、わたしのものは一九七一年に出た第十七刷となっている。

その吉川英治全集版『三国志（三）』の口絵には吉川英治が菊池寛、小島政二郎、吉屋信子らと「海軍報道班漢口従軍」より帰京した際の写真とともに、著者自身の揮毫になる「曹植七歩詩」が収められている。

当時は何回目かの吉川英治ブームだったと記憶するが、これを買ったのはもちろんそのせいではなく、その年から韓国で刑務所ぐらしをすることになった次兄と三兄に差し入れるためだった。何年か後に請け出して、再びわたしのもとに還ってきたのである。

表紙を開いてみると赤いハンコを三つも押した監獄当局の領置許可証がそのままに貼り付けてある。その当時は、検閲で不許可になる場合を考えると、いったいどんな本を差し入れればよいのか見当もつかなかった。もし自分だったらこれが時間潰しと気散じにはちょうどよかろうと思えたのだったが、しかし、兄たちから獄中で読んだ三国志の感想を聞いた憶えはない。

とくに三兄のみっちゃんは、案外、この気の利かない差し入れに気分を害していたのかもしれない。

誰にでもあることに違いないが、わたしにも人なみに、この年齢になるまでの間には、兄弟身内のことで泣きたい気分にさせられることが、まあ何回かは、あった。けれども、そのたびに「本是レ同根ヨリ生ズルヲ……」と、曹植七歩詩が心に蘇ってきてしまう。そうして、そういう自分自身が、いつもちょっと笑えるのである。

いやな奴

太宰治『思ひ出』

『三国志』に熱中していた頃、一方では、生まれて初めて太宰治なども読んだ。わたしが抱いた第一印象は、なんていやな奴だろう、というものだった。

中学校に上がるとき、わたしは住んでいた地域の公立学校ではなく、学芸大学の附属中学を受験した。せめて息子たちには「よい教育」を受けさせようという両親の熱意と、「民族のために役立つ人物になるという目的のため、早くから備えるべきだ」という、いま考えればいかにも単純な、それでもその当時はそれなりに大真面目だった次兄の考えの結果である。

大事を成すためには私情を殺して目的に邁進すべきだという次兄の説得に、大事のなんたるかを解さぬまま、わたしが心を動かされたのは事実である。それでもわたしは、高い進学率を誇っていた某私立中学に進むことにだけは懸命に抵抗した。その理由のうち最大のものは、その学校が男女共学ではないことだったのだが、次兄に正直にそう言ったかどうかは憶えていない。

こうして、一家の嘱望を担うかたちで、いわゆる「名門校」を受験することになったのである。結果は辛うじての補欠合格だったのだが、その時のわが家の大げさな慶びぶりといったら、まるで朝鮮王朝時代の貧しい家に孝子が出て科挙にでも合格したような騒ぎだった。

わたしの育った地域では年長の悪童に体育館の裏や人気のない路上で脅され小銭をゆすられるようなことが日常茶飯事だった。そのため祭や縁日に遊びに行くときには、ゆすりに遭うことを警戒して、大切な小遣いは靴下の中に隠したものだった。悪童と書いたが、そんな頬笑ましいものではなく、むしろ立派なヤクザ予備軍である。そんな時、わたしは腕力にはからっきし自信はないのだが、彼らの言いなりになることはどうしてもイヤだった。そのイヤということの中には、帰宅してから兄たちに意気地なしと嘲られるのが二重にイヤだということが含まれている。だから、ヤクザ予備軍と兄たちとの板挟みのような遣る瀬ない心情で、小突きまわされながら頑なに黙りこくっていることしかできなかった。

横丁の路地にはミヨちゃんという小学校の同級生が住んでいた。彼女の家に行くと、前の三畳間に家具のように大きな年代もののラジオがあり、その上の壁に色のあせた天皇と皇后の写真がかけてあった。奥の座敷には寝たきりの祖母がいたはずだが、声は聞いたものの、その姿の記憶はない。

名前は忘れてしまったが、ミヨちゃんには当時中学校を卒業するかしないかの大柄で駆け足の早い姉がいた。わたしはミヨちゃんは好きになれなかったが、姉には憧れを抱いていた。

ある夜更け、ミヨちゃんのところの路地から男女のいさかう声が聞こえてきたことがあった。そこには男が女を殴るいやな音も混じっていた。どういう間柄なのか、崩れた様子の若者がミヨちゃんの姉を無理やり連れだしに来ているのだった。そのわけを誰かに尋ねることも本能的にはばかられて、わたしはただ息を殺していた。彼女が急に濃い化粧をするようになり、自宅に寄り付かなくなり始めたのはそれからしばらくしてのことだった。

だから、その中学校に合格したときは、早起きの辛さよりも、ともに小学校に通った友だちと別れるさびしさよりも、たえず緊張を強いられた校庭の小暴力や救いのない路地裏の人間劇から脱がれることのできる解放感のほうが大きかった。

＊

わたし自身、それまでは日本式の通名を用いていたのだが、中学校入学を機に姓だけは本名を名のることにした。当時は、一九六〇年に韓国で四月民主革命があり、また北朝鮮への帰国運動がたけなわの頃で、わが家に限らず、一般に在日朝鮮人の民族意識は高揚期にあったのである。本名を名のることはわたしなりに思い切った決断だったが、徐という名は、金や李のようにありふれていないところがいいように思えたし、「ジョ」という音の響きも嫌いではなかった。それより何より、まったく知る者のいない新しい環境で新しい人間としてスタートするのだという、どことなくセイセイする感じもあった。

中学校に提出する書類の両親の学歴欄を記入するとき、「そんなもん適当に書いとき」と母は困惑した表情を見せたのだが、そのことによって、それまでもおぼろげに想像していた通り、母が小学校にも通っていないことをはっきりと覚った。意を決するように、母の学歴欄に「なし」と書き入れた後は、むしろ母へのいたわりの想いが心に湧き上がってきて、自分がひとつおとなになった気がした。

母といっしょに出かけた入学前の面接で、その中学校全体で在日朝鮮人の生徒はわたしひとりであることを告げられた。そのことも、かえって何やら誇らしく、励みのように感じられた。発展途上国の国費留学生と言えばおかしく聞こえるかもしれないが、それに近い心境だったのである。

中学校には「市電」と呼んでいた路面電車で通った。

わたしの乗車する停留所のそばには職業安定所があった。その向かいのワールド劇場という映画館には、小学生の頃、兄弟でよく潜り込んだ。入口のところで待ち受けて、ちょうど年格好の頃合なおとなが入場するとき、あたかもその人に連れられた子どものようなふりをして後ろにくっ付いて入ってしまうのである。そのようにして、美空ひばりがお姫様役を演じる東映時代劇なんかをたくさん見た。度重なると、さすがに発覚してつまみ出されたこともあったが、わたしたちのほうもなかなか懲りなかった。

その街から電車は西大路通をまっすぐ北に進み、平野神社、金閣寺を過ぎて、カトリック教会のところで直角に右折する。さらに大徳寺を過ぎてしばらくで学校に着くのである。それは、いま思えば必ずしも当たっていないが、その当時のわたしの印象では、庶民階級が蝟集する下町から中産階級の住む山の手へといたる路であった。

ある朝、わたしの乗った市電に、日雇い仕事に向かう親戚のハルモニ（おばあさん）が乗り合わせてきた。職安でその日の仕事をもらって、どこかの公園にでも清掃か草むしりに行くところだったのだろう。当時は失対事業の日雇い仕事に多くの朝鮮人女性が従事していた。そのハルモニはわたしの母の叔母にあたるのだが、グレた長男が刑事犯罪で刑務所に入ってしまったため苦労していたのである。

やがて、ハルモニは周囲の日雇い仲間と朝鮮語で話し始め、電車の乗客たちの視線はそこに集まった。乗客の中にはわたしと同じ中学校の生徒もいた。

ハルモニに気づかれて声をかけられたらどうしよう……。

わたしはそろそろと電車の後部に席を移した。ハルモニたちが下車するまで、胸の動悸が鎮まらなかった。そういう自分を限りなく恥じながらも、わたしは身じろぎもできずにいたのだった。

始まったばかりの英語の授業で、I am a Japanese という文章を習った。並んで座った列の先頭から順に、先生の口真似をして「アイ・アム・ア・ジャパニーズ」と大声で繰り返すのである。

順番が近づいて来るにしたがって、わたしの内心の緊張もぐんぐん高まった。ついにわたしの番がきたが、わたしは口を閉じたまま一言も発することができなかった。教室中の視線を全身に感じた。どうしたんだ、簡単じゃないか、と再三にわたって先生に促されて、わたしは意を決して口を開いた。

「でも、ぼくは日本人と違うし……」

わたしはまだ、「朝鮮人」というのを英語でどう言うのか知らなかったのである。先生はわたしに Korean という単語を教えてくれる代わりに、英語の授業中は余計なことを持ち出さずに自分の指示どおりにせよと不快そうに言った。

日常的な小暴力への緊張からは解放されたものの、そのようにして、わたしはすぐさま別の種類の緊張の中に自分が身を置いたことを覚えるようになった。わたしは、わたし自身の出自なり文化なりをひとりで背負って、他のすべての生徒たちと向かい合ってでもいるかのように感じていた。彼らはみな、鼻汁で袖口をテカテカに光らせていた小学校時代の友だちとはまるで違って、いい洋服に身を包み、利発で早熟だった。何より、女の子たちはみな伸び伸びと発育がよく、まぶしいくらいに屈託がなかった。わたしは、この連中と自分とは違うのだ、この連中に決して心を許すまい、と身を硬くした。

＊

中学に入ってすぐ読んだ本に、あかね書房というところから出ていた『日本の文学——中学二年生』というアンソロジーがある。奥付に初版一九五七年とあるから、兄たちのうちの誰かが買ったものであろう。冒頭が芥川龍之介の「鼻」、末尾は森鷗外の「高瀬舟」であり、その間には志賀直哉「赤西蠣太」、横光利一「旅愁」、島崎藤村「伸び支度」、堀辰雄「風立ちぬ」、林芙美子「泣虫小僧」など、いずれも忘れ難い作品が収められている。安直な話ではあるが、その一冊で日本現代文学の概観を得たような気にもなった。それだけ、よく編集された本だったということにもなる。編者代表は亀井勝一郎である。

口絵写真には芥川の筆になる、よく見れば不気味な河童の絵があったのだが、その下のところに、玉川上水をのぞき込む和服姿の太宰治の写真もあった。この本で読んだ「思い出」が、わたしにとって最初の太宰である。

「思い出」の原題は「思ひ出」で、太宰二十四歳の作である。幼少時代から中学校時代までのことを綴ったものだが、あかね書房の本に収められていたのはその第二章のみだった。書き出しはこうである。

『日本の文学　中学二年生』（あかね書房、初版 1957 年）の表紙

いい成績ではなかったが、私はその春、中学校へ受験して合格をした。（中略）私はなにごとにも有頂天になりやすい性質を持っているが、入学当時は銭湯に行くのにも学校の制帽をかぶり、はかまをつけた。そんな私の姿が往来の窓ガラスにでも映ると、私は笑いながらそれへ軽く会釈をしたものである。なんと得々と自慢たらしい奴だろう、と思った。

私は入学式の日から、ある体操の教師にぶたれた。私が生意気だというのであった。この教師は入学試験のとき私の口頭試問の係であったが、おとうさんがなくなってよく勉強もできなかったろう、と私に情ぶかいことばをかけてくれ、私もうなだれてみせたその人であっただけに、私のこころはいっそう傷つけられた。

小権力者の同情を得るために「うなだれてみせた」ところなど、まさにこれこそ、わが家においては日頃もっとも唾棄してやまない人間像である。

さらに読み進むと、同じクラスの男子生徒とひそかに愛し合い、学校からの帰りにならんで歩くとき小指がすれあって顔を赤くした、などという記述もあらわれる。「ウヘッ、気もち悪うッ!」そう思った。だが同時に、わたし自身、小学校の頃、同級の化粧品屋の息子に説明がつかないほど心をひかれ、相手のつれなさをひどく哀しんだりしたことがあったのを思い出しもした。そういうことを思い出させられるのも、愉快ではない。

やがて次のくだりに至って、わたしの心は激しく動揺した。

……春のある朝、登校の道すがらに朱で染めた橋のまるい欄干へもたれかかって、私はしばらくぼんやりしていた。橋の下には隅田川に似た広い川がゆるゆると流れていた。まったくぼんやりしている経験など、それまでの私にはなかったのである。うしろでだれかが見ているような気がして、私はいつでも何かの態度をつくっていたのである。私のいちいちのこまかいしぐさにも、彼は当惑してたなごころをながめた、彼は耳の裏をかきながらつぶやいた、などとそばからそばから説明句をつけていたのである。

なぜ動揺したかと言うと、これはまさに、その頃のわたし自身の姿そのままだったからである。「ぼくは、これだな……」と思った。何とも言えず、いやな感じである。

わたしの中学校のそばには賀茂川が流れ、北大路橋という大きな橋がかかっていた。わたしはときどき帰り途とは反対方向の、その橋まで歩き、じっと川面を覗き込んだり、顔を上げて比叡山を仰ぎ見ることを好んだのだが、そんなときにも、そうしている自分自身から意識が離れることはなかった。川辺に降りて書物をひもとくこともあったが、書物そのものよりも、そうしている自分への関心ではち切れんばかりだった。そういう自分の姿に誰か気付いてはくれぬものかと、いつも内心で焦れていた。

橋の上での放心からさめたのち、私は寂しさにわくわくした。そんな気持のときには、私もまた自分のこしかた行く末を考えた。橋をかたかた渡りながら、いろんなことを思い出し、また夢想した。そして、おしまいにため息をついてこう考えた。えらくなれるかしら。

『日本の文学　中学二年生』より「思い出」の挿絵

わたしの関心や焦燥もまた、結局はいつも、偉くなれるだろうか、という一点に収斂するのだった。偉くなるとはいったいどういうことなのかはわかっていなかったが、偉くなれそうもないことへの不安だけは日々に増殖していた。自分は凡庸なのではないか、という意識にいつも苦しめられていた。

つまり、このいやな奴は、わたし自身なのだった。

そう思い始めると、もはや、とめどもなかった。わたしにも「名門校」に合格したことを得意がる気もちがなかったと言えるか。大事のためとか何とか言い訳をつけているが、詰まるところわたしは「エリート」の一員に加えられたことを喜んだではないか。さらに、たとえば、あの英語の時間の出来事にしても、自分では何か大きなものへの抵抗のつもりだったが、周囲の注目を得たい、同情を買いたいという気もちがなかったと言いきれるか。いわば「うなだれてみせた」だけではないか。それが証拠に市電ではハルモニから身を隠したではないか。

わたしはお上品な中産階級の中に潜り込むことができたことを内心では喜んでおり、いざというときには自分にとってかけがえのない人々を裏切るのではないか。いや、すでに裏切っているのだ……。

こんな自問をわたしが繰り返すことになったのも、考えてみれば、少年期の危ういまでに研ぎ澄まされて行く自意識やアンバランスな自己愛といったものの様相を、この作品がそれだけ巧みに描き出していたからということになる。しかし、そのように客観的になれるまでには、多くの時間と経験を要した。このとき以来、わたしは太宰を嫌った。それは、いま思えば、ほとんど自己嫌悪のような感情である。

（引用はあかね書房版『日本の文学――中学二年生』による。）

男について

『現代詩人全集』ほか

詩を読み始めたのはいつの頃からだったただろう？

記憶しているのは、中学一年のとき、国語の時間に高村光太郎の「レモン哀歌」を教わったことである。薄っすらとした記憶では、挿絵に、よく実って内から光を発しているようなレモンのカラー写真が付されていたように思うが、あるいは、教科書ではなく、別の書物だったかもしれない。

その授業のとき、ある女子生徒が黄色い布貼りの箱に入った、いかにも高価そうな愛蔵版の『智恵子抄』を持って来ていた。自宅にあったのだと言う。発狂した妻へそそぐ一途な詩人の愛という主題（それほど単純なものでもないことは、後になって少しずつわかってきたのだが）は、それだけで充分に気恥ずかしいものなのに、ましてその詩集の愛蔵版を家族の中で読むなんて……。そういうことはわが家の文化にはありえないことだった。

詩集が自宅にある生活というものを想像しただけで、わたしは、背中のあたりがムズムズと痒くなるような気がした。そうではあったが、一方では、それを手にとってつぶさに読んでみたいという誘惑も抑えられなかった。そもそも女子生徒から詩集を借りるという行為自体が言語道断なことであり、もし兄たちに発覚すれば「色気づいた」と揶揄されるに違いなかった。仲のよくなかった次兄と三兄ではあったが、こういうことでは容易に同一歩調をとるだろう。それでもわたしは、兄たちに隠れて読む決心を固め、勇気をふるって借りたのである。その『智恵子抄』が、いわゆる詩集のうちでわたしが最初に読んだものということになる。

いま思い出したのだが、それからしばらくして青山なんとかという女性歌手の「……すねて甘えた智恵子、智恵子の声が、あぁー、阿陀多羅の山にきょうも聞こえる」という歌謡曲が流行した。そのことを考えると、あの頃、「智恵子抄」は一種のブームだったのかもしれない。実際に読んでみると、もちろんその歌謡曲ほど通俗に堕したものではなかったが、どこかすっきりとしないもの、言うならば、詩人のエゴの臭気のようなものを感じてあまり好きになれなかった。

*

『智恵子抄』はいずれ持ち主に返さなければならなかったから、近所の書店で、中央公論社の「日本の詩人」シリーズの一冊で高村光太郎、北原白秋、萩原朔太郎の三人を収めたものを買った。自分で詩集を買った最初である。

北原白秋はあまりわからなかったが、萩原朔太郎のほうには奇妙にひかれた。

わが故郷に帰れる日
汽車は烈風のなかを突き行けり
汽笛は闇に吠え叫び
炎は平野を明るくせり
まだ、上州の山は見えずや

こう始まる「帰郷」などは、すぐに暗記してしまった。
この詩の「砂礫のごとき人生かな」というのが、まだ十二歳に過ぎず、人生のなんたるかを知るはずもないわたしの、お気に入りの詩句だった。その後しばらく忘れていたのだが、この時から十年近く経って、獄中の次兄に差し入れるため堀田善衞の『若き日の詩人たちの肖像』を買って読んでみると、主人公が夜汽車で金沢へ帰郷するたびにこの詩を思い浮かべるというくだりがあって、久しぶりに記憶がよみがえった。その時にはさすがに、わたしは、「砂礫のごとき人生」という詩句にもいささか実感がこもってしまう年齢になっていた。

*

萩原朔太郎にひかれて以来、少しずつ詩集を買い、自分でも真似ごとで詩らしきものを書くようになった。特別にノートを用意して、気に入った詩句やアフォリズム、あるいは自作の詩もどきを書き溜めた。このノートだけは兄たちに絶対に見つかってはならなかったので、隠し場所には腐心した。それでなくとも、すでにその頃、わたしは兄たちに「詩人」とあだ名されていたのである。そのイメージはすなわちベレー帽にルパシカ姿の「文弱の徒」であり、「キザな奴」とか「エエカッコしい」ということである。だからわたしは、もしもそのノートを盗み読まれて嘲笑されたら家出するしかない、と思い詰めていた。

そんなに大切にしていたノートなのに、何カ月かすると自己嫌悪が募って焚火にくべて燃やしてしまった。それでもまた新たなノートにいろいろと書き溜めるのだが、それもやがて細かく千切って賀茂川に捨てたりした。その繰り返しである。

京都の丸太町という通りにはいまも古本屋が多いが、当時はもっと多く、商売も盛んだった。わたしは時々、山本という悪友といっしょに自転車で岡崎公園あたりまで行き、かき氷か素うどんでも食べてから帰り途に一軒一軒しらみ潰しに古本屋を見て歩く遊びをした。店のおやじに叱られるのではとドキドキしながら、「奇譚クラブ」などの猟奇本や好色本のたぐいを立ち読みする愉しみもあったが、何もそれだけではなく、難しげな本の背表紙を眺めてまわるだけでグンと背丈が伸びるような不思議な快感があったのである。

そんなふうに古本屋を歩いて、何冊か詩集も買った。創元文庫版の『日本詩人全集第十巻』（初版一九五二年）などもそのようにして手に入れた。この中では、菱山修三の「母上に寄す」という詩を愛した。

うつくしき歌を書かむと願ふことの、げに、うすらぎしかな。ひたすらに、まことの形を寫《うつ》さむとおもふに、その眼はさらに洗はれず。母上よ、なぜにわれを地の上に生みたまひしや。母上よ、なぜにわれを生みたまはざりしや、木の梢に、雲のなかに。

というのである。

髪を振り乱して生活と格闘している母を「母上よ」などと呼んでも似合わないが、実際にわたしは、林間学校で行った信州の高原で霧が湧き次々と雲に育つさまを眺めながら、口の中で「母上よ」とつぶやいたものである。そればかりか、ほんとうに「なぜにわれを地の上に生みたまひしや」と言いたいような思いも何度か経験した今になっても、初夏の真昼など、木々の高い梢で若葉がきらめくのに気づいた時などには、この詩が心によみがえる。

＊

同じように、丸太町橋の近くの一軒の古本屋で『啄木詩集』を買ったことも憶えている。その時まで、石川啄木が詩も書いていたとは知らなかったのだ。

橋の脇から鴨川の河原に降り、ベンチに座って頁を開くと、「ココアのひと匙」が眼に突き刺さってきた。

はてしなき議論の後の

冷めたるココアの一匙を啜りて、
そのうすにがき舌触りに
われは知る、テロリストの
かなしき、かなしき心を。

それまで想像もしなかった世界である。泣きぬれて蟹と戯れていると思っていた啄木は、テロリストの悲しみを知る人でもあったのだ。

この「テロリスト」とは、一九〇九年にハルビンで伊藤博文を射殺した安重根《アンジュングン》のことだという説があることを最近になって知った。「ココアのひと匙」は二年後の一九一一年の作である。一九一〇年の日本の「朝鮮併合」の際、「地図の上朝鮮国に／くろぐろと墨をぬりつつ／秋風をきく」と詠んだ啄木であってみれば、あながちこの説もうがちすぎとばかりは言い切れない。もちろん、中学生のわたしはそんなことは何も知らないままに、「ココアのひと匙」と同じくらいに「書斎の午後」という詩を愛し暗唱した。その詩は「われはこの国の女を好まず」という詩句で始まり、同じ詩句で終わるのである。

この詩集によって初めて、わたしは、ヴ・ナロード（民衆の中へ）という十九世紀ロシア青年の叫びや「バクウニン」という名を知った。「我が友は、今日もまた、／マルクスの『資本論《キャピタル》』の／難解になやみつつあるならむ」（「呼子と口笛」補遺九）などというのは頬笑ましかった。

中学生のとき買ったその『啄木詩集』は、出版社はわからないが、新書判サイズの箱入りだった。それも、もう手許にはない。当人が記憶しているかどうかわからないが、三兄が、いつの間にか自分のもののように持ち歩いて愛読していたと思ったら、韓国に留学するときに持って行ってしまったのである。そして、彼が政治犯として逮捕されたとき捜査当局に押収されたまま永久に失われてしまった。

*

二年生になると「現代詩手帖」を購読したりして、「荒地派」の詩なども知るようになっていた。その手がかりを与えてくれたのは角川文庫から出ていた『現代詩人全集』の第九巻（戦後Ⅰ）と第十巻（戦後Ⅱ）である。前者は初版一九六〇年、後者は初版一九六三年となっているから、出版されてすぐに買ったことになる。

第九巻は鮎川信夫、田村隆一、峠三吉ら二十六人のアンソロジーである。ここには在日朝鮮人の許南麒《ホナムギ》も含まれている。第十巻には長谷川龍生、黒田喜夫、菅原克己、谷川雁、谷川俊太郎、寺山修司ら三十三人の作品が紹介されている。それらの詩のそれぞれにわたしなりの思いがあるが、すべてをここに書くことはできない。
忘れがたい詩のひとつは鈴木喜緑という詩人の「許して」という詩である。書き出しのところはこうである。

ふたたび　音の世界や色をたのしむ所に
かえってはならない
新しく生きかえることが
後にもどらぬ　自然な歩みである限り
ぼくは　この今のつよいぼくを　崩してはならない

この部分を、わたしは、周囲の日本人生徒たちに決して心を許すまいと幼い決心に身を硬くしていた自分自身にひきつけて読んだ。その上、この詩の最終行は「ぼくには愛することが出来ない　出来ない」となっているのだ。誰かを好きになってしまいそうなときには、わたしはいつも心の中でこの詩句を唱えた。それだけ、わたしの心は弱かったのである。

この詩人の略歴欄の末尾に「現職、謄写筆耕」とあるのにも、不遇で禁欲的な詩人の姿がほうふつとして厳粛な気もちにさせられた。通称ガリ切りと呼ばれたその職業も、わたしが大学に通っていた頃を最後にまったく姿を消して、いまやワープロ全盛時代である。余計なことかもしれないが、この詩人はその後どのように暮らしたのだろう？　まるで、繊細すぎて生きるのが下手な旧友を想うように、いつも気にかかってならないのである。

＊

このように手探りの自己流で詩を読むうちに、三人の女性詩人の作品に出会い、わたしはすっかり心を奪われた。

ひとりは、茨木のり子。「わたしが一番きれいだったとき」を読んで、戦後すぐの映画のヒロイン、『東京物語』の原節子とか『ここに泉あり』の岸恵子なんかを連想した。焼け跡のまぶしい光の中を背筋をピンと伸ばして大股に歩いている、という感じである。この人は間違っても「砂礫のごとき人生かな」なんてことは言いそうもない。総じて未来というものを肯定したい気にさせる健康な正義感に溢れている。「ジャン・ポウル・サルトルに」は、そういう作品の代表格と思うが、そこには「朝鮮のひとが大震災の東京で／なぜ罪なく殺されたのか」という詩句があった。もちろんその時のわたしにはまだはっきりとした認識はなかったのだが、いつも家の中で声を落として語り伝えられてきたポグロム（多数派による少数派への集団暴行や虐殺の意）の暗い記憶が、無邪気なほどに、おおっぴらな明るみのもとで語られていることに、わたしは戸惑いとともにある種の開放感のようなものも感じた。

どこかに美しい人と人との力はないか
同じ時代をともに生きる
したしさとおかしさとそうして怒りが
鋭い力となってたちあらわれる

「六月」という詩に接して以来、心の中でユートピアのイメージを描こうとするときは、いつもこの詩が浮かび上がってきてしまうのである。後に獄中で『茨木のり子詩集』を読んだ三兄がこの詩を愛し、みずから朝鮮語に訳したりしたことがきっかけとなって、わたしは茨木さんと対面する機会をもつことができた。中学生の時に、その詩を愛した女性詩人と、中年に近い年齢になってから初めて会うというのは、妙に照れ臭いことだった。

ふたり目は、石川逸子。この人とも、最近になって面識を得ることになった。この数年、わたしは東京のある私立大学で教壇に立っているのだが、受講者の中には自主的に聴講にくる社会人が数名いる。ある日、朝鮮人従軍慰安婦の問題で学生にビデオを見せ感想文を書いてもらったところ、石川逸子と署名した一枚があって驚いた。たしかめてみると、中学生のとき憧れた詩人その人だった。

「黒い橋」という詩はよく憶えている。

一九三七年南京に行った兵隊さん
あなたは何をしましたか……

という問いかけがリフレインするこの詩は、こう結ばれる。

一九五八年夏
南京に行った兵士たちは　善良な父親となって
明日の胸算用をしながら
黒い橋の上をわたってゆく
だれも彼らに気附かない
彼らも自分に気附かない

いま、日本の朝鮮支配とアジア侵略の責任を内在的に問う詩を書き続けているこの詩人の出発点がここに示されている。ただ、中学生だったわたしが衝撃を受け、夢中にもなったのは、「黒い橋」とはおおいに趣の異なる「戯れにわれ小舎をのぞきしかど……」という詩であった。

君たちの平凡で安らかな朝食　仕事　日曜日の散歩

そんなものを一挙にあとかたなくする何かが
小舎のなかにあるのだ
知ったが最後とりかえしのつかない　やけどの引きつれのような何かが

小舎にあるのは「売春婦になったお前」や「木馬になった君」である。食卓に出されたビール瓶は切り取られた母の足首で、六本指のその足首は恥ずかしげにちぢこまろうとしてビールをこぼす……。こういった調子で、見世物小舎を舞台におどろおどろしい悪夢の世界が繰り広げられ、非日常の裂け目から日常の闇部に潜む危機をのぞかせられる。

この詩によってわたしは、それまで詩というものに抱いていた先入観を見事に打ち砕かれた。いつかは自分もこんな詩を書きたい、と切実に思った。

石川さんと出会った際、中学生時代にこの詩からうけた衝撃を話題に出したのだが、石川さんのほうからはあまり多くを語られなかった。その理由はわたしなりに察しをつけているが、間違っているかもしれないのでここには書かない。

*

三人目の女性詩人は滝口雅子である。それも「男について」という一篇にとどめをさす。

男は知っている
しゃっきりのびた女の
二本の脚の間で
一つの花が
はる
なつ
あき
ふゆ
それぞれの咲きようをするのを

よく憶えているのだが、この詩を最初に読んだとき、わたしは、誰かに見つかりはせぬかと、あわてて頁を閉じた。これこそまさに、それを読んでいることを母や兄たちに知られてはならない詩であった。

もちろん、まだほんの十二、三歳だったわたしは、「男」ではあったが「女」のことなど何も知らなかった。「女の脚の間で咲く花」というものを想像して恥ずかしさに顔をほてらせただけだ。しかし、その一方では、そういう大人の詩をひそかに読んでいる自分が得意でもあった。成長していく自分の前には、まだまだ想像もつかないほどの未知の世界が広がっているのだ。わたしは畏れに近い思いで、一歩ずつその未知の世界に踏み込んで行く自分を感じていた。

この詩には、こういう詩句も出てくる。

男はねがっている
好きな女が早く死んでくれろ　と
女が自分のものだと
なっとくしたいために

『智恵子抄』の高村光太郎にわたしが感じた「すっきりしないエゴの臭い」というのも、つまりこういうことを指しているのだろうか……。そう考え始めたのはしばらく経ってからだった。詩を読み始めてから二年近くが経ち、わたしは中学校三年生になっていた。

読めなかった本

トーマス・マン『魔の山』

一九七〇年代の末、その頃韓国の獄中で苦労していた三番目の兄が「自分にとって読書は道楽ではない、使命だ」と手紙に書いてきたことがあった。書斎や研究室で吐かれた言葉ではない。拷問を加えられるだけでなく、ときには懲罰と称して何カ月も読書を禁止されるという状況で書かれた手紙である。

即座にわたしは、この言葉を自分への仮借ない批判と受け取った。抗弁の余地はない。

生の一瞬一瞬の貴重さを認識し、読むべき本に厳粛な姿勢で正対する読書。妥協のない自己研鑽としての読書。人類史への貢献につながる精神的闘争としての読書。そういう切実さが、わたしには欠けている。読むべき本を読まないまま、貴重な人生の時を刻々と浪費しているのではないか……。

子どもの頃わたしは、よく風邪を引いて、医者に診せるほどでないときでもすぐに学校を休んだ。それどころか、翌日学校に行きたくないときには、わざと風邪を引こうとして布団から転がり出て寝たこともあった。だが、そうしたからといってうまい具合に熱が出るとはかぎらない。仕方がないから、朝になって階下で母が起きろと叫び続けても頑強に布団にもぐって耐えるのである。攻防の山場は午前九時頃までで、ズル休みであることを見抜いている母は、それまでは「遅刻しても学校に行け」とか「医者に行って注射を打ってもらえ」とか言い続けるのだが、やがて自分の仕事が忙しくなって諦めてくれるのである。たまには母に箒の柄でしたたかブン殴られたこともあるが、その逆に、ひと眠りして目を醒ますと、知らないうちに枕許に好物の水無月《みなづき》が置いてあったこともある。もちろんわたしにも罪の意識はあり、箒の柄よりお菓子のほうが胸にこたえたが、せいせいするような解放感のほうがそれにまさった。

それからどうするかといえば、いそいそと好きな本を四、五冊、積み上げ、誰に干渉されることもなく読むのである。勉強ではない。ただの愉しみである。つまり「道楽」なのだ。

習い癖となって、大人になってからも、体調をこわして床につくと、心の片隅でもうひとりの自分が「シメタ!」と舌を出す。そうして、溜まってゆく一方の「読むべき本」から暫時自分を解放し、「読まなくてもいい本」に手を伸ばすのである。

*

大学に入ったばかりの頃、所属していた在日韓国人学生の団体が数寄屋橋公園で出入国管理法案に反対するハンストと座り込みを行ったことがあった。支援活動ということで、わたしも公園のテントで一晩か二晩過ごした。そのとき、同じように支援にきていた女子美術大学の学生が暗い灯の下で何か懸命に読んでいた。何を読んでいるのか尋ねると、「あなたにはこういう本の面白さはわからないわよ」と挑発するように笑った。それは、新田次郎の『孤高の人』だった。加藤文太郎という天才登山家の伝記小説である。そういえば、彼女はテントや寝袋の扱いにも慣れており、みんなの足手まといにしかならないわたしとは大違いだった。

彼女の言うとおり、当時のわたしは、自分にはその種の本に関心をもつ暇なんかないのだと気負っていたのだ。その気負いを見透かされ、揶揄されたのである。

そのときは気にとめなかったのだが、大学を出て一、二年経って、人生の途方に暮れていた時期に、不意に彼女の言葉を思い出す瞬間があって、新田次郎の『強力伝』を読んでみた。次に『孤高の人』を読み、それでネジが外れたようになってしまった。ちょうど『八甲田山死の彷徨』が刊行され、やがて映画化されたのと同じ時期のことである。中には退屈だったり教訓臭が鼻につく駄作もあったが、まるで中毒にでもかかったように、新田次郎の作品は文字どおりすべて読んだ。

新田次郎を読み尽くしてしまうと、それからしばらくは登攀記や山岳小説のたぐいを読みふけった。中でも最も忘れがたいのは、ガストン・レビュファの『星と嵐』である。レビュファやクリス・ボニントンなどの作品は、その流麗な文章表現力においても、あるいは広い教養や独自の哲学においても、第一級の文学と呼びたいものである。そんなわけで、わたしはむかしもいまも自分では登山などまっぴら御免だが、アイガー北壁とか北鎌尾根などにはかなり詳しい「アームチェア・クライマー」になってしまった。あの女子美の人は、そんなこととは夢にも思っていないだろうが。

阿佐田哲也に嵌り込んだ一時期もある。世間の人は色川武大のほうを高くかうのかもしれないし、たしかに『怪しい来客簿』は凄いと思うが、「シューシャインの周坊」という短編麻雀小説は何度読み返しても秀逸である。

ほかにも池波正太郎や藤沢周平の時代ものを片っ端から読みとばしたこともあるし、山口瞳の書いたものなら細大漏らさず読んだという時期もある。

ここ数年は、発熱して床につく度に内田百閒を手に取る習慣ができてしまった。「阿房列車」シリーズは、熱があって苦しいときでも笑えるし、「蜻蛉玉」のような、例の不気味な味わいの短編もいい。自分がドイツ語を教えた女子学生が関東大震災で死んでしまう話を綴った「長春香」という一篇は、百閒らしくもなく哀切である。だが、熱が下がるとたちまち「こうしてはいられない」と気がせいてきて、とても読み続けていられなくなるのは、われながら可笑しい。

新田次郎から内田百閒にいたるまで、これらは、言うならばわたしにとって「読まなくてもいい本」である。もしわたしが病気がちでなかったら一生読むことがなかったかもしれない。いったい今までの人生で、これら「読まなくてもいい本」にどれだけの時間を費やしてしまったのか。それを考えると、胸が痛む。読んで何か得るものがないわけではないが、それはあくまで予定になかった副産物である。要するに「道楽」なのだ。学校をズル休みしているような後ろめたさを覚えるのは、子どもの頃と変わらない。

＊

「読むべき本」という観念がわたしに芽生えたのは、中学校に入ってからである。それは、二つの方向からもたらされた。

ひとつは、簡単に言えば、自分が在日朝鮮人であることを自覚しはじめたことに由来する。当然ながら、社会科学・人文科学の分野に膨大な「読むべき本」の群れが存在していることを知ったが、そのことはここでは述べない。

もうひとつは、思春期の教養コンプレックスとでも呼ぶべき方向から来た。この分野にも「読むべき本」が、息苦しくなるほど充満していることを、わたしは知らねばならなかった。それらを読むことは自己を錬磨し人格を陶冶するためというよりも、ある種の人々の一員となるために不可欠な資格のようなものである。そのように、わたしには思われた。その思いは、ときに強迫観念にまで肥大した。「ある種の人々」と、漠然と表現しておいたのは、高くそびえる頂を仰ぎ見るのに似た真の知的巨人への憧れと、たんなる「文化的特権階級」への羨望という、本来相反するものであるはずの二つの感情が、わたしの未熟な頭の中で混沌としていたからである。

とにかく、気の向くままに読みたい本を読んでいれば褒められる子ども時代は終わったのだ。これからは、もはやたんなる愉しみで本を読んではならないのだ。そう、わたしは思った。

ケストナーやベルヌに夢中になっていた頃から、梶井基次郎の『檸檬』や倉田百三の『出家とその弟子』、あるいはジイドの『田園交響楽』なんかを読むようになるまで、わずか二、三年のことである。「死」と「性」という人間にとっての二大根本問題が、にわかに頭上に覆いかぶさって来たのだ。その年頃には身長だって一年に十センチや十五センチは伸びるのだから不思議はないとも言えるけれど、人は誰でも思春期のごく短い期間のうちにあまりにも急激な精神の成長過程を経験しなければならない。考えてみれば、残酷なくらいのものである。そうして、大人になってゆく自分とまだ幼いままの自分との不均衡をもて余して苦しまねばならないのである。

＊

三十年経ったいまになっても、昨日のことのように顔が火照る思い出がある。

三兄に体を鍛えろとうるさく言われたせいもあって、中学校では、いやいやながらバレーボール部に入った。中学一年のとき東京オリンピックがあって、学校を休んで見物に行った。東京の大学に通っていた長兄の下宿に滞在して、バレーボールのハンガリー対チェコ戦を観戦した。記念硬貨なども入手したが、これは、練習後の空腹に勝てず、すぐにきつねうどんに化けてしまった。

隣のコートで練習する女子バレー部にひとり気になる人がいた。気にはなるのだが、口をきくキッカケがなかった。

ある日わたしは、意を決して彼女に一冊の本を渡した。それは、ここに書くのも恥ずかしいが、『おれについてこい!』である。オリンピックで「東洋の魔女」を率いたニチボー貝塚バレー部大松博文監督の著書。いわゆる「スポーツ根性もの」のはしりと言えるだろう。今回ちょっと調べてみると、この本は一九六三年、すなわちわたしが中学一年のときの発行で、オリンピックを挟んで五、六十万部も売れたベストセラーだったそうだ。

なぜ、あんな本を選んでしまったのだろう? われながら理解しがたい感情としかいいようがない。

小学校の時、わたしは運動能力にかけては最底辺に位置していたし、そのことをよく自覚していた。運動会の五十米徒競争でドン尻を走っていたわたしは、後からスタートした組の先頭走者に追い抜かれそうになったため、「おいおい、お前は、もうええ」と、ゴールを目前にしながら教師に走路の外へ引っ張り出されてしまったことがある。引っ張り出されたまま、平気を装ってブラブラと、ゴザを敷いて見物している家族のところへ歩いていくと、腹が立つのと可笑しいのとで目尻に涙を溜めた母が「かまへん、かまへん」といいながら抱き寄せてくれた。そのために、かえってせっかくの意地がゆるんで泣き出しそうになったことを憶えている。

金閣寺までの耐寒マラソンでは全行程の二、三割も走らぬうちに落伍した。クラス中で六段の跳び箱が跳べないのはわたしと坂本君という友人との二人だけだったが、その坂本君が放課後の猛練習でついに六段を跳んだときは裏切られたような寂しさを覚えたものだ。

そんなわたしだったが、学芸大附属中学に入って気づいてみると、いつの間にか小学校以来の運動能力最底辺を脱していた。中学校の体育祭の短距離競争で三等になった日のことは忘れられない。もっとも六人ひと組で走るうちの足の早い二人がフライングで失格したのだけれど。それでも、わたしより遅い者がひとりいたのだし、三等入賞には違いないのだ。それは人生で初めてのことだった。そんなことで喜んでいることを友人に気どられまいと苦心した。それだけ、わが中学の生徒たちの運動能力が低かったのであり、相対的に最底辺から上昇したわたしは、徐々に劣等感から解放されていったのである。

そのようにして、バレーボール部に入ったり、オリンピックを見物したりしているうちに、もともと「スポ根」的な世界から最も遠いところにいるはずだったわたし自身が、いつしか「スポ根」的な美意識に浸透されていたのだろうか。

それに、運動能力に関する劣等感の裏返しとして、わたしは自分の読書については傲慢な自負心を抱いていたのだと思う。実際、それまでに話したことのある周囲の生徒たちは、わたしの目からみれば、読書の面ではまだまだ幼稚だった。もっとも、その大部分は男子生徒だったのだが。

彼女が本好きであることは、噂のように耳に入っていた。だからこそ、彼女に関心を抱いたのである。しかし、どういう本を好むのかまでは情報がなかった。

何といっても彼女もぼくもバレーボールをやっているんだから、あまり難しい本よりも『おれについてこい！』くらいのところが、最初のキッカケにはちょうどよいだろう。

そんなふうに考えたのだ。安易だった。わけもなく彼女を見下してもいた。結局わたしは、ひどく子どもっぽかったのだ。

数日後その本を返してくれるとき、「面白かった？」と尋ねると、彼女は当惑した笑みを浮かべて無言のまま首を横に振った。

返礼の意味であったろう、彼女もわたしに一冊の古びた本を貸してくれた。本を貸してくれる以上、拒絶されているのではないのだ。そう考えて喜んで受け取ってみると、それは新島襄の著書だった。

新島襄？

それが誰であるかすら、わたしは知らなかったのだ。

大松博文に対するに新島襄。……何というコントラスト！

はからずも自分の幼稚さをさらけ出してしまう結果になって、わたしはいたく傷ついた。それから、ときどき彼女と本を貸し借りするようになったが、出だしの失点を挽回するため、自分の中のおとなを印象づけようと焦った。

彼女が小学校時代に愛読したという川端康成の『伊豆の踊り子』は、さすがにわたしも読んでいた。だが現在気に入っているのは岡本かの子だと言われると、もうわからなかった。「丹花《たんか》を口に銜《ふく》みて巷をゆけば畢竟恐れはあらじ」などと言われても、わたしにはチンプンカンプンだった。

彼女と本の話をする度に、わたしは劣等感にまみれた。そのために、いっそう背伸びして本を読んだ。読んだのならまだいい。目録や背表紙だけで知っている本のことを、さも読んだように語ったり、ボロが出そうになると、辻褄を合わせるために帰宅してから慌てて読んだりした。

さまざまな新しい概念や語彙に出遭い、地面に水がしみ込むようにそれを吸収するのもこの年頃である。この頃、わたしは「虚栄」とか「自己嫌悪」とかの語彙をわがものにして、しきりに自分に投げつけた。

初めて彼女の家に遊びに行ったとき、玄関を入ったところの、ぎっしりと古い文学全集を収めた書棚に目を奪われた。ただ見せかけに飾ってあるのではないことはひと目でわかった。彼女の母親は高安國世一門に連なる歌人であった。私立高校に通う兄は新聞部に所属しており、その友人たちがしばしば彼女の家に集って文学談義や時事談義を交わすのだともいう。

わが家には、揃いの文学全集などというものはなかった。その理由は、端的に言うと両親が本など読まなかったからだ。本はたくさんあったが、それはみんな、せいぜい兄たちが手探りで買い求めた雑多なものでしかない。言ってみれば、わが家の読書の伝統はわたしたち兄弟の代に始まったばかりだった。ところが、彼女の家には代を継いで培われた「文化」の香りが充満していた。「中産階級」という語彙もその頃初めて憶えたのだと思うが、初めて中産階級家庭というものの奥深さに出くわした気がした。

「文化」といい「中産階級」といい、もちろん現在ではこれほど単純には考えていないが、まだ十二、三歳の少年に過ぎなかったわたしには、そう思えたのである。わたしはそれを烈しく羨み妬んだ。憧れと敵愾心とが激しく相克する、捉えどころのない感情である。ひどく迷惑だったに違いないが、彼女はわたしにとって、そのような思春期の激情の唯一の具体的な対象であった。

座敷に落ち着いてから、また、彼女と本の話になった。

「トーマス・マンの『魔の山』って知ってる?」

そう尋ねられ、わたしは身を硬くして曖昧にうなずいた。

たしか次兄が赤い表紙の中央公論社の世界の文学版で読んでいるのを見たことがあったが、わたし自身が読んだわけではない。知らないと答えるのは癪にさわる。

さりとて、知ってると答えて中味の話になると余計に困るのだ。

「わたしな……」

彼女は無邪気そうに言葉を継いだ。

「あの本だけは、読む気せえへんね。」

それを聞いて、わたしはすっかり打ちひしがれてしまった。わたしは、その本を読んでいないことで軽蔑されまいと必死だったのだ。ところが彼女は、読んだと自慢するのならまだしも、あれだけは読む気がしないと言っているのである。「だけ」と言うのは、それだけ他に多く読んでいるからだろう。さしずめ、玄関にある文学全集くらいはほとんど読破したに違いない。

家に帰って早速、兄の読んでいた中公版を手に取ってみた。きみは読む気がしないと言ったけれど、かくかくしかじかで面白かったよ。そんなことを彼女に言ってやりたかったのだ。だが、読み始めてみると死ぬほど退屈で、たちまち投げ出してしまった。

＊

高校に入って、わたしは文芸部というサークルに所属したのだが、彼女も同じ文芸部の一員だった。

夏休みに妙心寺という寺の一室を借りて読書会をもったことがあった。とり上げたのは中島敦の『李陵』とトーマス・マンの『トニオ・クレーゲル』である。『トニオ・クレーゲル』は面白く読んだのだが、議論が発展して『魔の山』に及ぶことをおそれたわたしは、読書会の前に『魔の山』に再度挑戦したのだが、あっけなく頓挫した。そういう負い目があるので、読書会の当日はもっぱら『李陵』についてのみ発言したのである。

いつかは征服しなくてはと思いながら、大学時代にも読めなかった。

絶えず気にかかるので、入院でもして暇ができればと思い続けていたところ、ちょうど大学を出て五、六年たった頃、体をこわして三カ月ほど入院生活をすることになった。

『魔の山』を読むのに病床ほどふさわしい場所があるだろうか。好機到来とばかりに、あらためて上下二冊でおよそ千三百頁という新潮文庫版を購入したが、三分の一ほどのところでまたも挫折した。それでも訳者である高橋義孝の解説くらいは読んだのだが、そこには、この小説には「山場」というものがない、と書かれていた。あらゆる教養小説の例に洩れず、『魔の山』には、「本来終わるということのないようなものが描かれているのである」と。それ以後はもう挑戦していない。

＊

数年前、スイスのセガンティーニ美術館を訪れる途中でダボスを通りがかった。ダボス？

そのとき、なぜかわたしはその地名に引っかかりを覚えた。なぜだろう？

そうして不意に、そこが『魔の山』の舞台であることに思いいたったのである。自分がその場所へ行くことなど夢にも思ったことはないのに、すっかり忘れてしまった頃になって、気がつけばダボスにわたしはいるのである。トーマス・マンは療養所に入院した妻に付き添ってこの地で三週間を過ごし、『魔の山』の着想を得たのだ。完成までに十二年の歳月を費やしたという。

あっという間にダボスを過ぎ、冷涼な高原の大気の中、サンモリッツに向かって車を急がせているうちに、「わたし、あの本だけは、読む気せえへんね」という少女の言葉が耳によみがえり、そのときの表情までも昨日のことのように目に浮かんできた。

どうして、あの頃のわたしは、あんなにことごとく意識過剰で、何ごとにもぎこちなかったのだろう？

どうして、自分の親しみや憧れの感情に自然であることができなかったのだろう？

気がつけば、あのもどかしい日々から三十年という歳月が経っている。わたしの思春期はもはや遠く去ったのだ。

だが、『魔の山』を征服しないかぎり、わたしは、いつまでも思春期の煩悶を振り捨てることはできないのかもしれない。

わたしにとって『魔の山』は思春期のコンプレックスのシンボルであり、登頂できなかった永遠の未踏峰のようなものなのである。

希望とは

鲁迅『故郷』

魯迅の『故郷』をいつ読んだのか、はっきり思い出せない。しかし、その結びの数行は、植物が毛根から吸い上げた養分のように、はるか以前からわたしの全身の細胞に染み着いている。

思うに、希望とは、もともとあるものだともいえぬし、ないものだともいえない。それは地上の道のようなものである。もともと地上には、道はない。歩く人が多くなれば、それが道になるのだ。(竹内好訳——以下同じ)

記憶の奥をまさぐってみると、刺叉を手にした閏土《ルントウ》らしい少年の挿絵がぼんやりと脳裏に浮かんでくる。あれは教科書だったか、それとも何か子ども向けの本だったのだろうか。

最初に読んだときすぐ高村光太郎の「道程」を連想したことは憶えているから、やはり中学二年頃のことだったのだろう。あるいは、『故郷』を教わったとき、教師が「道程」との類似を指摘したのだったかもしれない。「道程」の冒頭は「僕の前に道はない／僕の後ろに道は出来る」となっている。

言うまでもなく、この両者の内容、そこに込められた思想は正反対と言っていいくらいに異なる。だが、正直に思い返すと、中学生のわたしには、そのことはまだぼんやりとしかわかっていなかった。わたしはまだ「暗黒」を知らず「希望」ということも皮相にしか解していなかった。

＊

『故郷』に始まって、少しずつ魯迅の作品を読んだ。当時読んだのは、家にあった竹内好訳岩波文庫版の『阿Q正伝・狂人日記』である。これには『藤野先生』は収められていない。にもかかわらず当時『藤野先生』を読んだ記憶はあるから、いま思えば、これも授業で取り上げられたようだ。ただし、師弟の情愛を強調する教訓話に曲げられて。

「阿Q正伝」はあまりわからなくて面白くなかったし、「孔乙己」のような作品にも、概してまだなじめなかったが、「狂人日記」には異様なまでのインパクトを受けた。偏愛と言えるほど繰り返し読んだので、文中の徐錫林についての注記に「范愛農」とすべきところを「苑愛農」とする誤植があったことまでまざまざと記憶に焼き付いている。一九八一年に改訳改版され、この誤植は訂正されたが、そのことがちょっと残念な気すらした。

「人間を食ったことのない子どもは、まだいるかしらん。／子どもを救え……」という結びを、その時わたしはもはや子どもではない者として、つまり子どもを救おうとする側の者として読んでいたわけだが、「人間が人間を食う」というのはどういうことなのかが多少なりとも身に迫ってわかるには、もちろんまだ子どもすぎた。

「吶喊自序」も、この本で読んだ。在日朝鮮人なら百人中百人がそうだと思うが、やはりわたしの心を占めたのも幻燈事件のくだりである。

わたしが中学二年の春というと一九六四年のことになるが、当時は日韓条約締結の前夜で韓国でも日本でもさかんに反対運動が繰り広げられていた。日本ではともかく、韓国での反対勢力の主要な主張点は、過去の植民地支配の歴史的責任がうやむやにされてしまうところにあった。事実、佐藤栄作首相は国会で「日韓併合は当時の国際法に照らして合法」と答弁していたのである。その他にも、朝鮮半島の分断固定化につながるとか、在日朝鮮人の法的地位を不当なものに固定するとか、日韓条約に反対すべき理由は多々あるが、それはここには詳述しない。

この年、東京の大学に入学したばかりの次兄は、在日韓国人の学生運動団体に加入して日韓条約反対運動に参加していた。彼は来日した韓国の外務大臣に卵を投げつけようと、ポケットに生卵をしのばせて代表団の宿泊先のホテルの近辺をうろついていて警察に連行されたこともある。そのとき取調べに出てきた外事課の警官のほうが自分より朝鮮語がよくできたことにショックをうけたそうだが、そのことも彼が後に韓国留学の途を選んだ遠因になっていただろう。

他方、三兄は韓国の国体から招待状が来るほど有望な器械体操の選手だったが、その年、高校二年になったとたんに、突然前触れもなく体操をやめてしまった。わけを尋ねると、ただ「運動なんか続けてたら、人間はバカになるだけや」と答えた。断ち切るように運動をやめた彼は、朝鮮文化研究会というサークルで熱心に活動するようになった。

そういう兄たちに影響され、わたしは自ら志願して地理の時間に日本の朝鮮植民地支配についての長い発表をしたことがある。兄たちに教えられながら、時間をかけて準備した発表だった。それはまた、大げさに言うと、日本人ばかりの中のただひとりの朝鮮人として、わたしが自己の存在証明のために試みた初期の跳躍のひとつだった。

ところが、Nという成績のいい生徒が頑強な論敵となってたちあらわれた。その説は「日本は朝鮮に鉄道を敷き工場も造って恩恵をもたらした。また、日本でなければロシアが朝鮮を支配していた筈だ」という型通りのものだった。第七次日韓会談の過程で日本側代表の高杉晋一が吐いた「妄言」と同じ内容である。

わたしには、自分のすぐそばにこのような論をなす者のいること自体が大きな驚きだった。その上、Nは、おそらく父親か誰かから日常聞かされていたのだろう、普通の中学生が知らないような数字や地名を得意げに挙げたてた。Nは、いまは某国立大学の教授になったそうだが、何しろ優等生だったので他の生徒たちへの影響力も大きかった。教師は教師で、ただ曖昧に笑っていただけだ。

こうして、支配する側の厚顔な理屈が空気か水のように子どもにまでしみ込んでいる現実を、わたしは思い知らされたわけだ。子どもでも、こういう子どもは「人を食う」のである。

魯迅の幻燈事件は、大なり小なり、わたし自身の経験でもあった。

教室での幻燈に映し出された、日本軍に斬首される同胞の姿を見せつけられ、それに野卑な喝采の声をあげる日本人学生たちのただ中で、若い中国人魯迅はひとり、どんな屈辱と悲憤を呑みくだしていたのだろうか。そういう状況、そういう悲憤、さらに、侵略戦争に勝ち誇る多くの日本人たちへの嫌悪と拒絶の感情、それらに対する洞察をしっかりと踏まえて読むならば、『藤野先生』はたんなる美談や教訓話に終ることはできないはずだ。そうしてこそ、それでもなお藤野先生の人格を認め尊敬した魯迅という人間の器の大きさを知ることができ、人と人との真の交わりの得難さに思いをいたすことも可能になるのである。

＊

東大安田講堂が「落城」した一九六九年に、わたしは東京の私立大学に進んだ。大学は一年間バリケード封鎖が続いて授業はまったく行われず、学内の在日韓国人のサークルに加わってみると、いきなり入管法反対運動の渦中に放り込まれた。大阪で一万五千名もの在日韓国人大衆とともにデモ行進したときの高揚はいまも記憶に鮮やかである。その時は、これこそわたしが大学生活に期待していたものだ、と思った。だが、そう思っていたのはわずかの間だけである。

その頃、「血債の思想」ということがしきりに言われていた。血を流してでも侵略と支配の責任はとらねばならない、とらせなければならない、という意味であろう。誰が最初に言い出したのか知らないが、出典は魯迅の『花なきバラの二』であろう。

墨で書かれた虚言は、血で書かれた事実を隠すことはできない。
血債はかならず同一物で返済されねばならない。

わたしの大学で一年か二年先輩にあたる梁政明《ヤンジョンミョン》（日本名山村政明）さんが、文学部前の穴八幡神社で焼身自殺したのもその頃のことだった。梁さんは在日朝鮮人二世だが、まだ幼い頃に一家が帰化したため日本籍になっていた。ロシア文学を学びたい一心で上京し、働きながら夜間部に通っていた。貧困と差別の中を喘ぐように生き、その出自の故の手酷い失恋もあったが、心身に汚れを付けることはなかった。わたしとは直接の面識がないままだったが、わたしのいた韓国人学生サークルに彼のほうから近づいてきたこともあったらしい。だが、わがサークルは彼を抱き止めることができなかったのである。真摯なるが故に、彼は日本人学生運動の消耗戦に自ら巻き込まれて行った。

彼の自死の意味は、しかし、たちまちの内に学内抗争の中で矮小化されてしまった。あるセクトは朝鮮人の名をかたった謀略ビラまで撒いて彼の死を利用しようとした。「李」と署名すべきところを「季」とする、朝鮮人ならおかすはずのない誤記があったのだが、それでも日本人学生の中には騙されて信じた者もいただろう。これもまた「墨で書かれた虚言」のひとつであり、「人食い」のひとつである。だが、わたしたち朝鮮人もまた、彼をまともに弔うことすらしないままだったのだ。

そうこうするうちに、一九七一年春、わたしが大学三年になったばかりのときに、韓国留学中の次兄と三兄が逮捕された。わたしはそのことを「学園に浸透し学生デモを背後操縦していたスパイ逮捕される」という新聞の報道で知ったのである。

周囲にいた友人に乗車賃を借り、新聞記事を握りしめたまま京都の両親のもとへ駆け戻ったわたしは、その後は、ほとんど大学に通わなくなった。

それからは兄たちのために奔走したのだが、裁判が終り兄たちがそれぞれ無期懲役と懲役七年の刑で下獄してしまうと、彼らのためにわたしにできることもこれといってなくなってしまった。さりとて、彼らが監獄の暗い独房に閉じこめられているること、そこでしばしば拷問されたりしていることを、たとえ一瞬でも忘れることはできなかった。

どうにか一年遅れで大学を出たものの、ただでさえ在日朝鮮人の就職は簡単ではないのに、まして兄たちのことがあるので普通に就職する気にはなれなかったし、指導教授はすすめてくれたのだが、大学院に進んで学問研究に集中することはなおさらできそうもなかった。兄たちの獄中生活が長びいてゆくにつれて、わたしは身の処し方に困り果て、やがて何もかもがどっちつかずになってしまった。

その頃、生涯を通して「暗黒」ともみ合った魯迅の、その「暗黒」にわが身を浸すような思いで、『「墳」の後に記す』『花なきバラ』『忘却のための記念』『深夜に記す』『どう書くか――夜記の一――』などを繰り返し読んだ。

大学を出て三、四年経った頃、わたしはある地方都市のパチンコ店で経営見習いのようなことをしていた。一時期は麻雀荘のマスターのようなこともした。やってみてすぐにわたしにはその方面の才覚はまったくないことがわかったのだが、人生計画の代案は何もなかった。苦痛のうちに一日を終え、パチンコ店二階の自室で鬱勃として身を横たえるときにも、たまには魯迅を読んだ。
　その実、戦士の日常生活は、決して全部が全部、歌うべく泣くべきものではない。しかしまた歌うべく泣くべき部分と関連しないものはない。それでこそ実際の戦士である。

というのは『「これも生活だ」……』の一節である。「これも生活だ」と、幾度となくわたしは自分自身に向かって唱えたものである。
　それまでも断片的には読んでいた『両地書』を初めて読み通したのも、そのパチンコ店の部屋でだった。筑摩叢書版が一九七八年に出たのである。魯迅から許広平にあてた第一信の「分かれ道」のたとえ話を、京都の旧い友人への手紙に引用したことを憶えている。

　だが私は、泣きもしなければ引返しもしません。まず分かれ道に腰をおろして、しばらく休み、あるいはひと睡りします。それから行けそうな道をえらんで、また歩き出します。（中略）もし虎にぶつかったら、木へよじ登って、虎が腹をすかして立ち去ってから下りてきます。もし虎がいつまでも立ち去らなかったら、自分も木の上で餓死するまでですが、その前に自分を紐で木へしばりつけて、屍体だって絶対にくれてやりません。

このくだりを書き送った女性は、その時、不幸の底でもがいていたのだ。だが、もちろんそれは、人生の分かれ道で途方に暮れているわたし自身に向けた慰めと激励でもあった。

＊

兄弟がそれぞれに読むせいだろう、わが家には魯迅の本がいく種類もある。先にふれた岩波文庫版はもとより、岡本隆三訳青木文庫版の『魯迅選集』、高橋和巳訳中公文庫版の『吶喊』。竹内好個人訳で七〇年代後半に筑摩書房から出た『魯迅文集』全六冊は獄中の次兄に差し入れたものだが、無事に請け出されて今はわが家にある。岩波書店版『魯迅選集』は旧版（一九五六年）と新版の両方があり、とくに旧版は二組ある。うち一組は大学で中国文学を勉強しようとしていた妹に、不遇だったわたしの友人が贈ってくれたものだ。

わたしがひときわ愛着を抱いているのは、岩波の旧版選集の別巻『魯迅案内』である。どういう理由か新版では、この別巻そのものがなくなってしまったので、今ではこういう本があったことを知る人も少ない。ここには、原水禁世界大会に来日した許広平を囲んでの座談会や、郭沫若、竹内好、小川環樹、佐藤春夫といった人々の文章が収められている。

魯迅の作品の中から一点だけ選べと言われれば迷ってしまう。先に挙げたもののほかにも、わたしとしては『野草』の「希望」や、最晩年に日本語で書かれた『私は人をだましたい』も付け加えたい。しかし、魯迅について書かれた文章からひとつだけ選べというなら、わたしは迷わず、この『魯迅案内』にある中野重治の「ある側面」を挙げるだろう。

八〇年代になり、兄たちの獄中生活も十年以上に及び、両親も相次いで世を去ると、わたしは少しずつ人前で話したり文章を書いたりするようになったが、そのようなとき、しばしば魯迅に言及した。例えば、『忘却のための記念』で白色テロに

『魯迅案内』（岩波書店、初版 1956 年）の表紙カバー（挿絵は力群「魯迅先生像」）

倒れた青年作家たちについて、魯迅は「私は、文字を綴ることによって、身をゆすぶり、悲哀を脱ぎすてて軽くなりたかったのである。はっきりいえば、私は彼らのことを忘れたかったのである」と書いているが、そのことを、わたしは、これは反語的表現ではない、心の底の悲憤がそのままに噴出したものだ、魯迅はほんとうに忘れたかったのだ、と書いたこともある。

後になって中野重治の文章を読んでみると、同じ部分について「これは、言葉通り、文字通り受けとるべきものと私は思う」と書いてあるのに気づいた。「そこに、ほとんど抒情詩の形での彼の政治的態度決定があった」と。

冒頭に引いた『故郷』の結びの部分についても、中野重治は「人々はどうやら、この言葉をあかるい言葉として、前途に光明を認めて歩きだすものの合言葉として引用しているように見える」、けれども、ほんとうはそこに「希望というにはあまりに深い暗さと、暗さそのものによって必然の力で羽ばたいてくる実践的希望との生きた交錯、交替」をこそ読み取るべきではないかと言っている。魯迅の暗さをこそ熟読し、愛読し、そこから激励さえ受けるべきではないか、と言うのである。

この部分を読んだとき、自分の感じていたことがひどく正確に言い表わされているので、わたしはむしろ驚き怪しんだ。
はるか以前にこの文章を読んで忘れていたのが、知らぬ間に血か肉のようになっていたのだろうか。それとも、わたしもそれなりに人生の経験を重ね、「血を見せつけられ」て、ようやく魯迅の「暗黒」と「希望」の何たるかが少しはわかるようになったということなのだろうか。

そうなのだ。「希望とは、もともとあるものだともいえぬし、ないものだともいえない」と魯迅が言うとき、希望は「ない」と言っているのだ。あるいは、少なくとも「ほとんど、ない」と。人は希望があるから歩くのではない、人が歩く以上希望がないとは決まっていないだけなのだ。それこそが、「希望」なのである。

中野重治は、魯迅を読むと「自分もまたいい人間になろう、自分もまたまっすぐな人間になろう、どうしてもなろう」「一身の利害、利己ということを振りすてて、圧迫や困難、陰謀家たちの奸計に出くわしても、それを凌いでどこまでも進もう、孤立して包囲されても戦おう、という気に自然になる。そこへ行く」と書いている。

それを見てわたしは、ああ、いかにも中野重治らしいな、ほんとうにそのとおりだな、と思うのである。

廃滅せんとする言葉（一）

許南麒『朝鮮冬物語』

わたしは京都市立の小学校に通ったのだが、そこには〈民族学級〉というものがあった。朝鮮人児童で、かつ希望する者だけが放課後一つの教室に集まって、朝鮮語や朝鮮の文化、地理、歴史などを教わるのである。社会科の時間に授業を抜け出して〈民族学級〉のほうに出席することも認められていた。

わたしたちの校区の南端には在日朝鮮人の密集して住む地区があった。おおかた最初はそのあたりの私鉄工事の労働者として渡日した人たちがやがて家族縁者とともに住み着いたのだろう。わたしの父方の祖父もそういう労働者のひとりだった。正確な人口はわからないが、とにかく京都市内では京都駅裏の東九条と呼ばれる地域に次ぐ朝鮮人集住地区である。子どもの数だけを考えても、ひとクラス五十人ほどの生徒のうち、およそ一割は朝鮮人だった。一学年に六クラスあったから一学年に約三十人、全校では百八十人ほどということになり、まあ相当な数といえる。もっとも、わが家は同じ校区内でもその地区とは反対の北端にあって、町内で朝鮮人はわが家族だけだった。

〈民族学級〉で教えるのは朝鮮大学校を出た若い先生だったが、学校から給料をもらっていたわけではない。朝鮮人民族団体の、オルグを兼ねた活動に学校側が消極的に協力していたというのが実状であろう。当時は民族団体の活力も現在より旺盛だった。だからこそ、こういう試みも可能だったのだろう。それがいつから始まったのか、いつ終ったのかもわからないが、とにかく現在は行われていない。

希望する者と言ったが、〈民族学級〉に出席する生徒の数は多くなかった。何と言っても放課後は勝手気ままに遊びたい。そうでなくても、子どもというものは、みんなと違う行動をすることに大きな抵抗を感じるものだ。それに、日本式の通名を使って朝鮮人であることを隠している生徒が大半だった。朝鮮人生徒が多いと言ったところで、所詮は九対一の少数派なのである。

たとえば、卓球にエッジボールというのがある。テーブルの隅をわずかにかすめる不規則な打球のことだ。狙って打てるものではない。そういう打球は予想外の弾みかたをするから、まず打ち返すことは不可能なのだ。そのエッジボールのことを、わたしの小学校の生徒たちは「朝鮮カット」と呼んでいた。打ち損なったときに「アッ、汚いぞ。朝鮮カットやないか！」とか、「さあ受けて見い、朝鮮カットで行くぞ！」とか。

「朝鮮」というのは、よろずアンフェアなもの、粗野なもの、いさぎよくないもの、みっともないものの代名詞だった。そんなことを言い合う多数派の生徒に殴りかかってゆく勇気は、普通の子どもには持てるものではない。さりとていっしょに笑って卓球に興じることができるはずもなくて、自分が朝鮮人であることに注目が集まらないよう曖昧な表情でその場から離れるのがせいぜいである。

たしか四年生の頃だったと思うが、同級のSという生徒が今にも泣き出さんばかりにしょげていたことがあった。どうしたのかと尋ねると、「チョーやん」に呼び出されているのだという。その当時、子どもたちの間で伝書鳩を飼うことが流行していたのだが、「チョーやん」はSの大切にしている鳩に目をつけて、その鳩をもって公園に来いと言っているのだった。

わたしはSの不運に心から同情したが、同時にSが言いなりに鳩を差し出すほかないことも直ちに理解していた。「チョーやん」に目をつけられた以上、それは抗い得ない天災のようなもので、もはや逃れる途はないのである。そのことは全校生徒の了解事項だった。「チョーやん」はその当時十四、五歳という年齢だったと思うが、手下のネットワークをわが小学校にもち、またその背後には本物のヤクザが控えていると信じられていた。親や教師に泣きついたところでどうなるものでもないのである。そのことも、わが校の生徒たちは代々語り伝えられて来た経験からよく知っていた。子どもというのはリアリストでもある。

大事に育てた鳩をみすみす巻き上げられなければならないSは身の不運をひとしきり嘆いてから、十歳そこそことは思えぬ暗い表情でわたしに言った。

「おまえ、知ってるけえ?」

「何を?」

「チョーやんなあ、あいつ、チョーセンなんやぞ」

「………」

「みんな、そう言うてる。あいつ、チョーセンなんや……」

わたしが通名を使っていたので、Sはよもやわたしが朝鮮人だとは知らなかったのだ。それに、わたしは問題の地区とは反対側の、いわば陽の当たる場所の住人だったから。

ほんとうだろうか?

わたしはすっかり当惑した。すると「チョーやん」のチョーというのは「朝鮮」のチョーのことだったのか? 長作とか長吉とか、そういう名前に由来するあだ名だとばかり思っていたのだが。

「チョーやん」が朝鮮人であってほしくないと、わたしは切に思った。そして、わたし自身が朝鮮人であることをどうやってSに告げればよいか懊悩した。いずれにせよ、もはやSと打ち解けた間柄になることはないだろうということだけは、子どもごころにも深々と得心された。

家に帰ってから、次兄だか三兄だかに「チョーやんは朝鮮人か？」とおそるおそる尋ねてみたが、「さあ、違うやろう」と言うだけの曖昧な返事だった。何しろアンフェアで粗野なものはすべからく「朝鮮」ということになっていたのだから、「チョーやん」の件もSの思い込みだったかもしれない。しかし、「チョーやん」が朝鮮人だったということも、もちろん大いにあり得ることだ。真相は今もって不明のままである。

＊

わたしは〈民族学級〉に卒業前の二年間、顔を出したように記憶する。放課後の遊びを断ったり、社会科の時間にクラスのみんなの視線を浴びながら教室を出て行ったりすることは気楽なことではなかった。だが、もっと気まずかったのは、先生に命じられて〈民族学級〉に出てこない他の朝鮮人生徒を呼びに行くことだった。わたしは〈優等生〉ということで、よくこの役を命じられたのだ。

本名は忘れてしまったが隣のクラスに沢田という通名の女の子がいた。チビで色が黒く、家庭が貧しいので身なりも質素だったが、目が大きくて、どうかした拍子に可愛く見えないこともない。その沢田さんを呼びに行くことは、わたしにとって憂鬱な苦役だった。

沢田さんが朝鮮人であることは、最初にわたしが呼びに行った瞬間から彼女のクラス全員に周知のこととなったのだが、それでも彼女はそのことを隠そうとし続けた。わたしが呼びに行くと最初は気づかないふりをしたりしていたが、そのうちいかにもイヤそうな表情を見せるようになった。ついには廊下や校庭でもわたしを避けようとする。楽しげに笑っているので近づいて行くと、わたしが視野に入ったとたんに固い表情でうつ向いてしまう。先生の言いつけで「正義」を行っているのだという誇らしい気もちがわたしに全くなかったとは言わないが、それ以上に沢田さんに嫌われ避けられることが何とも不条理に思えた。わたしは、ほんのちょっと彼女のことが好きだったのかもしれない。

〈民族学級〉での最初の先生は金《キム》先生という、色白で額の広い女性だった。この先生にまず朝鮮語での挨拶を習ったのだが、「さようなら」にあたる「アンニョンヒ、ケシプシヨ」が発音できなくて、わたしはいつも悪ふざけに「あんじょう化粧せえ」と言っていた。家に走り帰って母にそのことを言うと、「アホやな、先生にそんなこと言うたらアカンがな」と言いながら、それでも息子が朝鮮語らしきことを口にするのが嬉しいらしく、母はコロコロと笑いころげた。

わたしの父も母も一世には違いないのだが、いずれも五、六歳の幼時に日本に渡ってきたので、日常では朝鮮語よりも日本語のほうに馴染んでいた。わが家で朝鮮語が語られるのは、親戚の年寄りが遊びに来たときと、父母が子どもたちに聞かれたくない話をするときに限られていた。

近所の銭湯でよく会うらしく、母は〈民族学級〉の金先生を気に入っていた。だが、金先生は一年経つか経たないかのうちに不意にいなくなってしまった。母が銭湯で聞いてきた噂では日本人の男と一緒になったために辞めざるを得なくなったということだったが、真偽のほどはわからない。後任には鄭《チョン》という男の先生が来たが、わたしはとうとうこの人にはなじめないままで、そのうち〈民族学級〉からも足が遠のいてしまった。たかだか週に二、三時間の勉強ではどうせ多くは望めなかっただろうが、そんなわけで、わたしの朝鮮語は「あんじょう化粧せえ」の域でストップしてしまったのである。

＊

中学校に入ってからは、わたしは本名を名のり、いわば自分が朝鮮人であることを絶えず主張するようにして過ごしたのだが、相変わらず朝鮮語はわからないままだった。

ある日、学校の帰りが一緒になったTという生徒が「これ何のことかわかる?」と、意味不明の呪文のような言葉を二、三度繰り返してみせた。わからないと答えると、「えーっ、これ朝鮮語やぞ。おまえ、チョーセンやのに、わからへんのか」と、ひとしきり騒いでから、「お父さんに習ったんや。ぼくのお父さん、戦争が終るまで朝鮮に居はったんや」と言うのだった。Tの父親は朝鮮からの引き揚げ者だったのだ。植民者の息子に母国語喪失を笑われるというアイロニーだったわけだが、その時、わたしはそれをTが示した好意のサインと受け取ろうとしたのだった。

それでもTが繰り返した呪文のような数語はトゲとなって心に残り続けた。家に帰って、その呪文を口に出して母に尋ねてみたが、母はちょっと曖昧な表情を見せてから、「何言うてんのかわからんわ」とだけ言って、忙しそうに家事に立ってしまった。わたしの発音が下手だったか、そもそもTの呪文が朝鮮語の体をなしていなかったせいだろう。だが、どうやら、そればかりでもないようだった。

それから四、五年も経って、わたしも大学生になり朝鮮語の辞書の引き方くらいはわかるようになったとき、記憶の底からTの呪文がよみがえった。たしか「ウリ、タンシン、パーネッソ」といったのだ。苦労して辞書を引いてみると、それは朝鮮語とも言えない単語の羅列だったが、直訳すると「わたしたち、あなた、惚れた」となった。

たちまち、わたしは、索然とした想いにとらわれた。食物と信じて口に入れたものが濡れ雑巾だったような、えもいわれぬ気分である。

わたしたち、あなた、ほれた……。

植民地時代に朝鮮半島にいた日本人が、それも妻子もちの男が、こういうカタコトを口にするのはどういう場合だろうか？

おおかたTの父は朝鮮の遊廓か飲み屋ででもこの言葉を憶えたのだろう。そして朝鮮の娘たちをつかまえては得意になってこの言葉を吐いていたのではないか。

母が曖昧な表情を見せた理由も、これで察しがついた。

引き揚げから十数年たって、わが子の学友に在日朝鮮人がいると聞き、羽振りのよかった植民者時代への懐旧の情がこみ上げてきたのだろう。それで、ひとつその在日朝鮮人を試してみろとばかりに、こんな言葉をわが子に教えたのだろう。息子が、「あいつ、わからへん言うとったで」と報告したとき、この元植民者はどんな表情を浮かべ、何を思ったのだろうか。

しかし、母国語喪失者のわたしは、長い間そういう想像をめぐらしてみることすらできなかったのだ。

＊

中学校でTと知り合った頃、わたしは詩を読み始めていた。朝鮮人の詩を初めて読んだのは、青木文庫から出ていた許南麒《ホナムギ》の『朝鮮冬物語』である。

今日もひねもす
朝鮮の女達は着物を洗う
水に浸しては打ち
涙にぬらしては叩きして
今日も一日を
この江邊で着物を洗う。
（中略）
それは
この恵まれない女達の
火もない暗いならわしのなかでの
ただ一つの慰めであり話し相手である。
その、家の系譜を洗っている。
その、しょっぱい歴史を洗っている。

「栄山江」の一節である。

中学生のわたしは、もちろんここに母や親戚の女たちの姿を重ね合わせたが、ちらっと沢田さんのことも思い出して憂鬱がよみがえった。

わたしはこの詩を直視したくなかった。できれば読みたくなかった。それなのに「歴史を洗う」という詩句だけは知らず知らず脳裏にこびり着いたようで、後にわたし自身がつくった詩もどきのものを今にして振り返って見ると、この詩の影響は隠れもない。朝鮮民族の「しょっぱい歴史」そのものについて、わたしがいくらかでも知るようになったのは、さらにずっと後のことである。

廃滅せんとする言葉（二）

金素雲編訳『朝鮮詩集』

岩波文庫版の金素雲編訳『朝鮮詩集』は、もともと一九四〇年に河出書房から刊行された『譯詩集・乳色の雲』を底本としている。その時点での朝鮮の代表的詩人四十五人の作品を収めたアンソロジーであり、日本語に訳された最初の朝鮮詩集である。

その時点といったが、一九四〇年というと日本の対米開戦の直前であり、朝鮮では日本による皇民化政策が極限にまで達しようとしていたときでもある。「国語常用」のスローガンのもとに朝鮮語の使用は禁止され、創氏改名によって朝鮮式の本名さえ使えなくなった。「皇国臣民の誓詞」の斉唱や宮城遙拝、神社参拝が強要されていた。朝鮮語学会は独立運動の嫌疑で弾圧を受け、朝鮮語大辞典の編纂事業は霧散した。

編訳者の金素雲は、この詩集に続いて、前期、中期、後期の全三冊よりなる決定版の『朝鮮詩集』発行を企図していた。ところが、最初の二冊は一九四三年に興風館というところから出たものの、第三巻は「時局性が乏しい」という理由で朝鮮総督府東京出張所の検閲で不許可となり、ついに陽の目をみなかったという。

朝鮮の解放後（日本の敗戦後）、一九五三年に『乳色の雲』は創元社から単行本『朝鮮詩集』となって再び世に出た。翌五四年には岩波文庫に収められ現在も版を重ねているが、訳者の「文庫版に添えて」によると、岩波文庫版では創元社版に収められている詩を三分の一ほど削ったとある。

この岩波文庫版で、わたしは中学三年のとき初めて『朝鮮詩集』を読んだ。そのために、わたしは、いつか創元社版も手にしたいものとひそかに思い続けていたのである。

劈頭の詩は異河潤《イハユン》の「野菊」である。

愛ほしや野に咲く菊の
色や香やいづれ劣らね
野にひとり咲いては枯るゝ
花ゆゑにいよゝ香はし。
野の花のこゝろさながら
この郷土《くに》に生へる詩人《うたびと》
ひとり咲き　ひとり朽ちつゝ
偽らぬうたぞ　うれしき。

よろず粗野なものの代名詞である朝鮮にも、こんなに繊細かつ可憐な詩をうたう人がいたのか、というのがわたしの最初の感想である。だが、その詩人は野の花のようにひとりで咲いて朽ちるというのだ。

異河潤を別にすれば、『朝鮮詩集』の詩は、実はあまりよくわからなかった。漢字やかな遣いが古めかしく難しいこともあったし、金素雲の訳文が、よく言えばあまりにも流麗なため中学生の理解力には余ったということもある。それに、何よりそれらの詩の書かれた社会的時代的背景のようなことにも、わたしはまったく無知だった。

後になってわかったのだが、とり上げられた四十五人の中には、毛允淑《モユンスク》や李光《イグアン》洙《ス》のような親日派もいるが、韓龍雲《ハンヨンウン》、李相和《イサンファ》、李陸史《イユクサ》のような抗日独立派の民族詩人たちも含まれている。しかし、当時のわたしにはそれを知るすべもなかった。

わたしを激しく撃ったのは、それらの詩そのものよりも、佐藤春夫の「朝鮮の詩人等を日本詩壇に迎へんとするの辞」と題する一文であった。一九四〇年の初版『乳色の雲』のために書かれたものが「解説」に全文収められている。

端なくも、欧米文物の直接な侵略からいみじくも免れ得たアジアの一隅の半島に、純粋なアジアの詩心が「乳色の雲」となつて浮び、廃墟の如く残存してゐるのを見出した事は自分にとつて近来殆ど無比の快事であつた。（中略）彼らが正に廃滅せんとする言葉を以てその民の最後の歌をうたひ上げたといふやうな特別な事情が、かくも我々に訴へるところが深いのであらうか、否か。

廃滅せんとする言葉？　最後の歌？

しかも、佐藤春夫は朝鮮の詩人への善意からそう言っているのである。当時も約二千五百万人の朝鮮人の大部分が自分たちの母語である朝鮮語をもちいて日々生活し、考え、互いに愛したり歌ったりしていたのである。その言葉を、日本は廃滅させようとしていたのだ。そういうことが可能だと妄信していただけではない。それが必然であり善であると広言していたのである。朝鮮語に対する、ひいては朝鮮民族の文化総体に対する、これほどまでに根本的な否定の言葉が、まさにその朝鮮人の詩集を飾っていたのだ。

佐藤春夫は、さらに書いている。

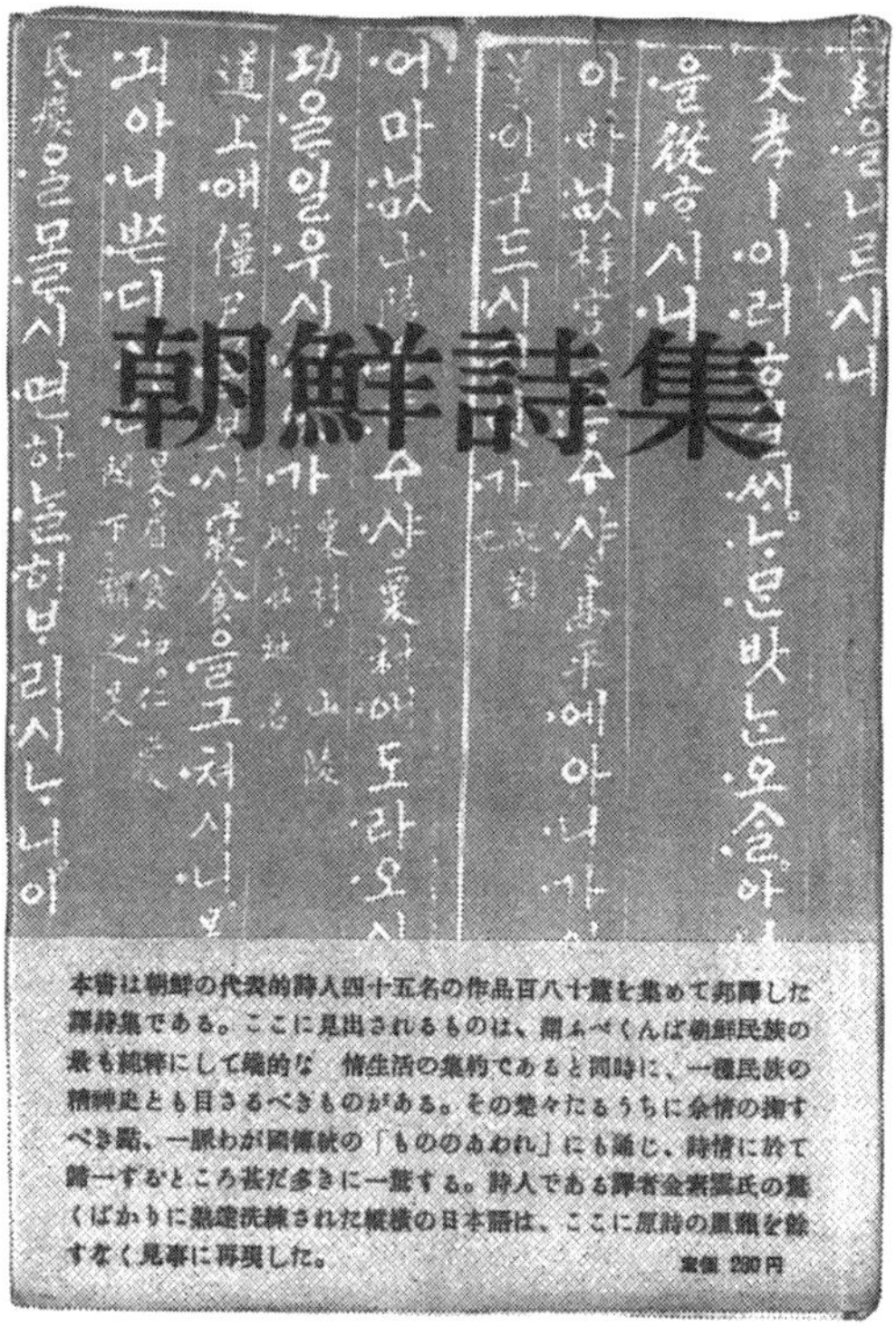

『朝鮮詩集』（創元社、初版 1953 年）
の表紙カバーと帯

思ふに高麗末期以後李朝五百年を通じて前後数世紀の秕政は、本来必ずしも無能でなかったこの民の多くを老狡な無能者たらしめながらも、（中略）その俊敏純真なものをして詩人として生きる妙法を教えることを忘れなかった。

老狡な無能者？

それは、言い換えれば、アンフェアであり、いさぎよくないということである。朝鮮語は、日本が敗れたことで朝鮮半島においては危うく廃滅を免れたが、日本で生まれ育ったわたしにとっては、すでに廃滅されてしまっている。あらかじめ自らの言語を廃滅されたまま生まれ落ちた、「老狡な無能者」の末裔。それがわたしなのである。

＊

高校に入った一九六六年の夏に、生まれて初めて韓国に行った。東京の大学に通っていた次兄とともに、韓国政府が催す在日同胞のための〈母国夏季学校〉というものに参加したのである。二週間ほどの公式行事の間にはウリマル（「われわれの言葉」の意、すなわち朝鮮語）の講習もあるにはあったが、それよりも反共教育とか三十八度線の南北軍事境界線見学などで忙しかった。付け焼き刃で勉強してもみたが、結局、このときわたしが使うことのできた朝鮮語は「よくわかりません」とか「ウリマル、喋れません」といった程度のことでしかない。

初めて訪れた父祖の地で、わたしは行く先々で物乞いにとりまかれた。黙って両手を突き出し、どこまでも従いてくる少女。靴を磨かせろガムを買えとうるさくつきまとう少年たち。彼らはわたし自身だ、という思いがわたしにはあった。実際、解放後わたしの父が故国に還る途を択んでいたら、わたしは彼らと同じ境遇にあったはずなのだ。祖父に率いられて一足先に帰還した家族に仕送りをするために、長男だった父は日本に残ったのである。その運命の皮肉が、いま、わたしと彼らをあちらとこちらに引き裂いている。だがわたしには、そのことを彼らに語りかける言語がないのだった。

ある夜、当時ソウル大学のあった近くの鐘路四街《ジョンノサーガ》というところを通りかかったとき、暗い路上の街灯の下にずらりと立ち並ぶ女たちに袖を引っ張られた。たじろいでいると、手の甲を爪で軽くつねられたりもした。驚いたわたしは、ののしりともからかいともとれる声を背中に浴びせられながらその場から逃げ出した。

後でその界隈が有名な売春窟であり彼女たちが街娼であることを兄に教えられたとき、わたしは内心ではちょっと後悔したのである。できることなら、彼女たちのひとりと一夜を過ごしてでも、その身の上話に耳を傾けてみたかったと、甘いことを空想したのだ。もちろん、そんなことは実際には不可能なことだ。わたしはまだ十五歳の子どもだったし、何より彼女たちの物語りを聞き分けることもできないのである。

田舎の村に親戚を訪ねた。父が一杯機嫌のときにはいつも、うるさいほど繰り返し語っていた、錦江《クムガン》のほとりの貧しくとも美しい山村である。コスモスの咲き乱れる農道を歩いて小学校の運動会を見物に行くと、校門に「体力は国力」というスローガンが大きく掲げられていた。それくらいはわたしにも何とか読解できたのだ。珍客が来たというので村の人々が集まってきた。

わたしの姓の発音は日本語では「ソ」と表記するほかないが、実際にはseとsoの中間の、朝鮮語に固有の音である。日本語にはない音だから、その発音がわたしには難しいのである。わたしが「ソ」と言うと、取り巻いた村の子どもたちが笑ってはやしたてた。何を言っているのかわからないので、兄に尋ねると苦り切った表情で教えてくれた。「そりゃあ牛のことだ」と言っているのだそうだ。牛というのを朝鮮語でsoと発音する。その場——自らの父祖の地——で、わたしは自分の姓すらもまともに言えない失格者なのだった。

このように、わたしの言語は廃滅されており、わたしと彼らとをかくも相隔てていた。

＊

大学では在日韓国人のサークルに入ったが、その主要な活動のひとつとして朝鮮語の学習会が行われることになっていた。わたしは初級に属した。またまた、やり直しである。小学校の時の〈民族学級〉や高校の時の〈母国夏季学校〉などの経験から、なまじ断片的な知識があったために、発音や文法の初歩からやり直すのはかえって辛かった。

教えてくれたのは二年先輩にあたる女性だった。髪と瞳とが黒々としていた。彼女は小学校と中学校は民族学校を卒えたので初級朝鮮語くらいは教えることができたのである。

だんだんに判ってきたのだが、彼女は朝鮮人を父に、日本人を母に持ち、その国籍は日本籍だった。そういう生を経験している人の心の底を知りたいと切に望んだのだが、それを語るにはわたしは未熟で生硬すぎた。それに、彼女は同学年以上の先輩たちには生意気と見られていたようだが、後輩のわたしにはまぶしくて近寄り難い存在だった。

確かに何回かは学習会を持ったのだが、すぐに全学封鎖となり、また、サークルの全員が入管法反対運動に明け暮れることにもなった。初級からの再挑戦はまたもウヤムヤになってしまったのである。

自分の怠慢を棚に上げて言うと、周囲すべてを日本語に囲まれて暮らしながら、いったん廃滅された言語を取り戻すというのは生易しいことではない。わたしの朝鮮語がどうにか格好がつくようになり始めたのは、ようやく最近になってからである。それまでに韓国の獄中から兄たちが送って来る朝鮮語の手紙を辞書を引き引き読んできたことが、いい訓練になった。一九八一年に兄たちの手紙を翻訳して岩波新書の一冊（『徐兄弟獄中からの手紙―徐勝、徐俊植の十年』一九八一年）として上梓したが、その時点でもまだ、何とか読めるだけで聞き取りや会話は論外という状態だった。

一九八八年にようやく三兄が釈放されてからは、わたしは韓国にしばしば往来するようになった。次兄はまだ獄中にいたので面会に行って監獄の役人と折衝したり、マスコミの取材に応じたり、あるいは親戚たちと付き合ったりというように、否応なく会話の実践をすることにもなった。懸命に聞き、がむしゃらに喋っているうちに、バラバラだった断片が急速につながり始めて、自分でも不思議なほど会話能力が向上した。

しかし、語彙が乏しく言葉がうまく出ないため、微妙なニュアンスを表現したいときでも、あえて簡単な表現をしてしまうことがある。言ってしまった後で、相手の目には自分が実際より単純で幼稚に見えるだろうなと思え、面白くない。

一生懸命朝鮮語で語りかけた相手から、その語りかけた内容とは無関係に「日本育ちにしては、なかなかお上手ですね」などと慰められることもある。そんな時には、正直のところ遣る瀬ない気分を禁じ得ない。

小学校の〈民族学級〉の頃から三十年あまり、齢四十を過ぎた今になっても、わたしの朝鮮語はとうてい廃滅を免れたといえるシロモノではないのである。

＊

正確な日時は忘れてしまったが、大学卒業後十年ほど経って、くだんの先輩に出遭ったことがある。彼女はある地方国立大学の助教授になっていた。大手企業に勤める日本人と結婚してその姓を名のっていた。

長い時間をかけていろいろ話し合ってみたが、もはや互いの身を置く状況があまりに違いすぎてしまったようで、どうしても話が嚙み合わなかった。それでもわたしは、このように違う場所にわれわれを押しやっていったのも同じひとつの歴史であるからには、われわれはこんなに違うようでいて実はひとつなのだ、血統や国籍などではなく、それが朝鮮民族であるということなのだ、というわたし自身の想念に固執した。

別れるときがきて、彼女は一冊の古い本をわたしにくれた。受け取ってみると、かねてから探していた創元社版の『朝鮮詩集』であった。それがひどく象徴的なことに思えて、わたしは鋭い悲傷にとらわれたのである。

頁を開けば、なるほど岩波文庫版にはない詩が載っている。例えば趙明熙《チョウミヨンヒ》の「咒禱《じゅとう》」。

主よ！
御身《おみ》が運命の箸で
この蛆をさし挿み　地に落すとき
さだめし御身も矛盾の吐息を洩らされたであらう。
この汚辱の面が　地に抛り出されたとき
耀《かがよ》ふ天日もそびらを向け、顔蹙《しか》めたことであらう。
おゝ　穢れた肉を何に啖《くら》はさうぞ、
穢れたこの血をどこへ押し流さうぞ、
主よ　つひに棄去りたまふものならば
雷《いかずち》を賜はらぬか
雷の栄光を！

歴史によって不条理な運命を強いられた民族の、怒りとも痛みともつかぬ思いが噴き上げているようだ。

一九二〇年代にカップ（朝鮮プロレタリア文学同盟）の中心メンバーとして日本の植民地支配に抵抗した趙明熙は、二七年、弾圧を逃れて極東ソ連領に亡命した。その後も趙明熙はソ連で作家活動を続けたが、一九三七年九月、突然「反革命分子」として連行され消息不明となった。のちにソ連当局は彼が一九四四年二月に獄死した旨を遺族に通知してきたが、実際には逮捕直後に銃殺されたのであろうと見られている。逮捕までに「間島」の抗日武装闘争を描いた長編小説を書き上げていたらしいが、それも未発見のままである。

橋をわがものにする思想

フランツ・ファノン『地に呪われたる者』

一九六六年春、わたしは高校に進んだ。国立大学の附属中学から、同じ附属の高校にもち上がったのである。入学して間もないある日、一人の教師が全校生を前にして言った。

「京都大学はどこにある大学だ？　この京都だ。しかるに、その合格者の出身校別順位を見ると、上位は大阪など他府県の高校ばかりではないか。こんなことでいいのか！」

呆れるほどのあけすけさではあったが、驚くにはあたらなかった。当時の京都では受験競争の緩和と学校間格差の解消を目指す蜷川《にながわ》革新府政のもとで、公立高校の受験は小学区制で行われていたので、公立の有名進学校というものは存在しなかった。国立であるわが母校は、京都におけるそのような平等主義的教育理念へのアンチテーゼとして誕生したのである。

高校でわたしは文芸部に入った。その年、サルトルとボーヴォワールが来日して京都でも講演会が行われ、わたし自身は行けなかったのだが、文芸部の先輩達はこぞって出かけていったと記憶する。サルトルはいわば彼らのヒーローだった。Hさんという先輩は自らをサルトルに、Nさんという先輩は自らをカミュに擬して論争のようなことをしていた。メルロ・ポンティに傾倒していたWさんは、その道を進んで、今では名の知れた研究者になっている。雲をつく巨漢のAさんは、安部公房に関する意欲的な評論を発表したが未完に終わった。Aさんは学校の近くのストリップ劇場の常連であることでも有名だったが、その後、消息を聞かない。

そういう早熟な先輩たちの刺激を受けてわたしもサルトルを読みだしたのだが、『存在と無』は難しすぎたし、『嘔吐』などの小説もあまり面白くなかった。当時わたしが最も動かされたのは、彼の時事的な評論である。先輩たちの関心のありようは高踏的だったが、わたしのほうは卑近だったのである。当然のこと、先輩たちとわたしはいつまでも打ち解けなかった。

手もとに残っている『シチュアシオンV　植民地問題』(人文書院刊「サルトル全集」第十三巻)の奥付けを見ると、一九六五年の刊行である。長兄が買ったものらしく、彼らしい几帳面さで表紙にカバーがかけてあるが、中の頁を開くと、高校一年生だったわたしがだらしなく線を引いたり書き込みをしたあとが残っている。

中でも、「植民地主義は一つの体制である」や「一つの勝利」は、繰り返し読んだ。前者はフランスのアルジェリア支配、とりわけ土地の収奪を告発し、植民地主義の欺瞞性を暴いたものである。サルトルはここで、フランス人がなさねばならぬ「唯一の企て」は「アルジェリア人民の側にたって植民地の暴政からアルジェリア人とフランス人とを同時に解放すべく戦うことである」と結論している。抑圧者と被抑圧者の同時解放というイメージがわたしの中で膨らんだ。それを日本と朝鮮との関係に当てはめて想像をめぐらしたことはもちろんである。

「一つの勝利」はアンリ・アレッグの著書『尋問』にサルトルがよせた文章である。アレッグは実際にアルジェリア人民の側に立って闘ったが故にフランス空挺部隊による拷問の犠牲者となった。原文は一九五八年三月六日「エクスプレス」誌に発表されたのだが、同誌同号は即時発禁になったという。

高校一年の秋、ジッロ・ポンテコルボ監督の映画『アルジェのたたかい』を文化祭の行事として団体鑑賞した。わたしが実行委員会に発案したのだったと記憶する。この映画を見る以前に「一つの勝利」を読んでいたのかどうか、記憶がはっきりしないが、この映画の冒頭に出てくるフランス空挺部隊による電気拷問のシーンから受けた強い印象を、わたしは今も忘れてはいない。それはわたし自身の悪夢だった。他国のことではなく、わたしの国、韓国でも進行中の出来事だったのだ。世界は民族解放闘争の時代のただ中にあった。

＊

文芸部に、同じ一年生のSさんという女性がいた。彼女は部の雑誌にいとこ同士の恋愛をテーマにした短編小説を書いた。小説の出来自体には正直いってあまり感心しなかったが、抱擁の場面の自然主義ふうな描写はちょっとしたセンセーションを呼んだ。男子生徒たちの間で、その描写がどの程度まで彼女自身の実体験に裏打ちされているのかについて、さまざまな憶測が交わされたが、誰も決定的な説をなすことはできなかった。二学期が終わる頃から、わたしはそのSさんと親しくなった。といっても、ときどき学校から私鉄の駅までの十分ほどの帰路をいっしょに歩く程度である。駅からは帰宅する方向が逆なので、あまり深い話をする時間はない。ところが、まだ互いのことがほとんどわからないうちに、彼女は学年の終了とともに湘南地方の小都市に転校することになってしまった。

三月下旬のある日、西陽が眩しい放課後の地学教室で、わたしは別れの言葉を交わすためSさんとふたりっきりで向かい合っていた。

彼女が尋ねた。

「将来どうしようと思てるの?」

「くにに帰る」

わたしは即座に答えた。その頃わたしは、その問いにはそう答えることに固く決めていたのである。

「くにって?」

「韓国……」

その答は彼女には意外だったらしい。

「なんで?」

視線を上げると、首を少しかしげるようにしたSさんの眼に涙が光っているのが見えた。

その瞬間、わたしの心をよぎったのはどういう思いだったか。

いまもよく憶えているが、それは、がっかりしたような、興醒めしたような思いである。

高校一年の夏休みに初めて韓国を訪れたが、わたしはそこで母国の懐に抱かれるといった安堵や充足を覚えたわけではない。むしろ違和感に苦しんだ。疎外感と言ってもいい。しかし、日本での生活もまた、わたしにとって幸福とも自然とも思われなくなっていた。

わたしには周囲の日本人たちと同じ人生のコースを思い描くことができなかった。当時は在日朝鮮人には公務員や国立大学教員になる途はなかった。弁護士にもなれなかったし、大企業に就職する壁も厚かった。それに、かりに大企業に入ったところで、そこで一生勤め上げることにどんな意味があるだろうか。生涯日本で暮らし続けることを前提として人生を設計することはもうできない。日本でわたしに許されているのは、準備と待機のための臨時の生だけだ。そう思っていた。

「祖国」や「同胞」は、わたしにとって自然的なものでも自明のものでもなかったが、そうであればあるほど、わたしはそちらの側にこそ身を投ずるべきだと考えた。その当時、文芸部の早熟な先輩たちが使っていた「投企」という実存主義の用語を借りて、自分のその心情を説明しようとした。そんな生硬な考えを稚拙な表現力で述べたところで、うまく伝わらないのはいま思えば無理もなかったが、まだ十六歳で性急だったわたしはSさんの無理解に落胆したのだった。

では、くにに帰って、わたしは何をしようというのか？　ほんの一時期だが、土木技師になって祖国の河に橋を架けることをわたしは夢見ていたのである。それこそ子どもじみた空想だったが。

*

次兄はその頃すでに東京の大学に進んでいたが、社交的な性格の彼は休みのたびに多くの在日朝鮮人の友人たちを伴って帰ってきた。それぞれに一家の期待を担い大望を抱いて大学に入ったこの人たちは、大学卒業後の進路については一様に壁にぶつかって苦しんでいるように見えた。日本社会の排他性と祖国の分断という二重の壁に前途を遮られ、多くの才能が志を得ないまま鬱屈していた。

初めてフランツ・ファノンの名を教えられたのは、次兄の友人のひとりでつとに秀才の誉れ高かったKさんからだった。

みすず書房から『フランツ・ファノン集』の初版が出たのが一九六八年十二月のことだから、考えてみると、Kさんはそれ以前からファノンを知っていたことになる。おそらく、鈴木道彦氏などの書く紹介記事によって注目していたのだろう。それだけファノンは、在日朝鮮人青年の琴線に触れる存在だったのである。

Kさんはわたしに、フランツ・ファノンがマルチニック出身の黒人精神科医であり、かつアルジェリア解放戦線の理論家でもあること、真の民族独立実現のためには「橋のひとつも自力で架けられる実力」をもたねばならないと強調した人物であることを教えてくれた。

横から口を出した次兄が「だから、おまえも色気なんか出してないで、数学や物理をしっかり勉強して建築科とか土木工学科にでも進め」と、わたしに迫った。

「色気を出すな」という言葉にはふたつの意味が込められていた。ひとつは「文学青年気どりや恋愛ごっこなんかにうつつを抜かすな」ということ。もうひとつは、自分と日本人との立場の違いを自覚しろということである。

街ではベトナム反戦デモが繰り返され、わたしが進もうとする大学はどこも紛争の渦中にあった。「自己否定」というキーワードが頻繁に語られていた。大学受験拒否を呼号する者もいて、多感であればあるほど何人かの友人はドロップアウトしていった。わたしは彼らが好きだったが、彼ら日本人とは立場が違うのだと自分に言い聞かせた。自分の現場はここではないのだ、と。それでもわたしは受験勉強に身が入らなかったのだが、次兄に言わせれば、そんな態度は、祖国の建設に貢献するという大きな目的の前では子どもっぽいものに過ぎないというのである。

橋のひとつも自力で架けられる実力——。

ここに初めて明確な人生設計が提示されたのである。

しかし、悲しいことにわたしは数学や物理は大の苦手だった。数学はつねに落第すれすれだったし、物理の時間には小説ばかり読んでいた。早々にわたしは進路希望を文科系にせねばならなかった。わたしはひとりの落伍者だった。受験競争の落伍者だっただけではない。Sさんには強がって見せたものの、祖国に帰って建設に貢献するという人生設計においても挫折に瀕していたのである。

高校三年の夏、予備校の夏季講習に通うという名目で上京し、次兄の友人の下宿でひと月ばかり暮らした。だが、講習にはろくに出席せず鬱勃として日を過ごした。やったことといえば、ジョージ・オーウェルの『アニマル・ファーム（動物農場）』を原文で読んだことぐらいだった。それがわたしが人生で初めて読了した洋書である。日々の焦慮を忘れるために、池袋にあったコンサート・ホールという名曲喫茶でクラシック音楽を聞いたり、銀座七丁目の銀巴里でシャンソンを聞いて漫然と過ごした。
上京したことを口実に、一年半ぶりにSさんに会った。あの別れのときの、子どもっぽくはあっても決然としていた自分を取り戻そうとしていたのだと思いたいが、実際にそれほど強い心だったかどうか自信はない。湘南海岸の観光地を散歩しながらポツリポツリと語り合ったが、次第に自己嫌悪にとらわれた。江ノ島の喫茶店で噛み合わない会話を続けていたとき、ラジオがソ連軍のチェコ侵入を告げ、それを境にSさんとの会話がうわの空になってしまったことを、昨日のことのように憶えている。

＊

一九六八年の暮れ、大学受験の直前になって、みすず書房から出たばかりの『フランツ・ファノン集』を読んだのだった。読んでみると、その言わんとするところは次兄の言っていたこととは違っていた。

ひとつの橋の建設がもしそこに働く人びとの意識を豊かにしないものならば、

橋は建設されぬがよい、市民は従前どおり、泳ぐか渡し船に乗るかして、川を渡っていればよい。橋は、空から降って湧くものであってはならない、社会の全景にデウス・エクス・マキーナによって押しつけられるものであってはならない。そうではなくて、市民の筋肉と頭脳とから生まれるべきものだ。(中略)市民は橋をわがものにせねばならない。このときはじめて、いっさいが可能となるのだ。(「地に呪われたる者」)

これはどう読んでも、建築家か土木技師になれという話ではない。人民にとって対立物となるような橋なら橋はいらない、橋は人民の必要に応じて人民自身によって架けられなければならない、という話なのだった。わたしもその人民のひとりであると考えれば、技師を目指しても間違いではないが、それはこの話の精髄ではない。むしろ、いかにして人民のひとりとなるか、いかにして人民が自らの運命の主人となるかが問題なのだ。

ファノンは「まず自己の疎外を意識せぬかぎり、決然と前進することはできない」と言う。また「民族主義ならぬ民族意識は、われわれにインターナショナルな広がりを与える唯一のものだ」とも。ファノンによれば第三世界の民族解放闘争は「世界に人間を、全的人間を、再び導入」しようとする「巨大な仕事」なのだ。

アフリカ大陸の一角から発せられた、おそろしく知的な黒人のこの呼びかけは、わたしを大いに揺り動かした。

自分が在日朝鮮人であるということ、その疎外を意識してこそ前進が可能になるのだ。その前進は、せせこましく屈折した日常から広く普遍的な世界へと通じている。「全的人間の勝利」——日本社会の片隅で鬱勃としている在日朝鮮人のこのわたしも、その一端に連なることができるのである。

だがそのための闘争は、言うまでもなく数学や物理を克服するどころでなく困難なことである。そのことまで、高校生のわたしが骨身にしみて理解したわけではもちろんない。

わたしの大学受験前年の一九六八年、次兄は韓国の大学院に留学した。三兄はさらに早い六七年、高校卒業と同時に韓国に留学していた。

次兄は、ほんとうのところファノンをどのように理解していたのだろう？ 兄たちは、どんな夢や理想に自らを「投企」しようとしたのか？

いずれにせよ、兄たちもわたしも信じていたのだ。大きな理想と日々の欲望との乖離に身を引き裂かれながらも、自己の生を意味あるものにするためには、たとえ拙劣でも理想のほうへ跳躍すべきだと。

兄たちふたりが政治犯として拘束されたのは、それから二年後の一九七一年春のことである。日本では政治の季節が終わりを告げつつあったが、まさにその時から、わたしたちは韓国の同胞たちとともに、いやおうなく政治の暴風のただ中に踏み込んで行くことになった。

三兄が出獄したのはそれから十七年後、次兄が釈放されたのは十九年後のことである。

あとがき

わたしは一九五一年に京都市で生まれた。朝鮮人であるわたしが日本で生まれたのは、今から七十年近く前に、祖父が朝鮮から渡ってきたからである。日本が朝鮮を植民地支配していたその時代、多くの朝鮮人が故郷を捨て生きるために日本に流れてきたが、わたしの祖父もそのような人々の一人だった。最初は私鉄の工事現場で働いた祖父は、やがて廃品回収を業とした。わたしの父は、祖父に連れられて京都市の貧窮地区を転々とし、何とか小学校だけは卒業したようだが、すぐに自転車屋の丁稚《でっち》になった。母方の祖父もまた同じ頃日本にやってきた。当時は京都市の郊外だった太秦《うずまさ》で、大きな農家の下働きをした。わたしの母は小学校にすら行けないまま、数えの九歳から西陣織りの機屋《はた》に子守奉公にでた。

わたしの両親が同郷のよしみで引き合わされ結婚したのは一九四〇年、日本が米英との戦争になだれ込む前年のことである。ふたりは周山《しゅうざん》という村で小作農として働き、母が田を守る間に父は繊維製品のブローカーのような仕事で日本中を渡り歩いた。危険を承知で父が徴用を忌避したのも、家族を飢えさせないためのぎりぎりの選択であった。わたしの両親は、差別と貧困のただ中で、そのようにして一家を守り、わたしたち五人の子どもを育てたのである。

一九四五年、日本が戦争に敗れ朝鮮は解放されたが、父は日本にとどまった。一足先に朝鮮の故郷に還った祖父たちの暮らしは安定せず、父が日本で稼いで仕送りする必要があったからだ。やがて朝鮮は南北に分断され、一九五〇年には朝鮮戦争が起って、父が帰国する機会は失われた。わたしが四人目の息子として生まれたのは、まさにそういう時であった。

わたしが小学校に入った年、わが家は京都市右京区の小さな借家から中京区円町《えんまち》の門まで構えた工場付きの家に引っ越した。そのことが象徴するように、わたしの小学生時代は、わが家の経済状態が上昇曲線をたどっていた時期にあたる。わたしたちはもはや貧乏とはいえなかったが、刻み込まれた辛苦の記憶はわたしたちの日常の行動や心理を奥底のところで規定していた。

父が何度目か事業に挫折して、ついにその家を手放すことになったのは一九六九年のことである。同じ年、わたしは京都を離れ、東京の私立大学に入った。次兄と三兄はそれ以前に韓国に留学していた。六〇年代の終わりとともに、「円町の家」を舞台に展開したわたしたち兄弟の少年時代は永遠に過ぎ去ったのだ。

あらためて思えば、わたしの少年時代は六〇年代という時代にピタリと重なっている。

六〇年安保から七〇年安保にいたる十年。東京オリンピックと高度経済成長を経験した十年。それは、目に見えやすい「貧困」が見えにくいそれにとって替わる過程を経て、日本社会が藤田省三先生のいう「安楽全体主義」へと滑り落ちて行った十年であった。

一方、韓国の六〇年代は、一九六〇年四月の学生革命を起点に反独裁民主化闘争が始まった十年である。六五年の韓日条約によって、植民地支配からの解放二十年目にして韓国社会は再び日本と深く関わり合うことになった。わたしが祖国の地を初めて踏んだのは一九六六年、高校一年生の夏。日本生まれのわたしが自らの「民族」と出会うことになったのは、あの日々のことである。

それはまた全世界的なベトナム反戦運動と学生反乱の十年であり、第三世界民族解放運動の十年でもあった。人々はまだ理想主義を冷笑することはなかった。

その決定的な十年間に、日本の片隅でひとりの在日朝鮮人少年が寺田寅彦からフランツ・ファノンにいたる精神の遍歴を経験したのである。

本書の中で、わたしが「次兄」とか「小ちゃい兄ちゃん」とかと呼んでいる兄は徐勝《ソスン》という。「三兄」ないし「みっちゃん」というのは徐俊植《ソジュンシク》である。一九七一年春、彼らは韓国の軍事政権に政治犯として逮捕された。獄苦は果てしもなく続くかに思われた。その間に母も父も病気で世を去った。本書で点描したのがわたしたち兄弟の少年時代であったとすれば、それに続く青年時代のすべてを、兄たちは獄中で過ごし、わたしはただ焦慮と煩悶のうちに過ごしたのである。

幸いにして、徐俊植は一九八八年に、徐勝は九〇年に、それぞれ生きて獄を出ることができた。その試練の日々の物語は『徐俊植全獄中書簡』(柏書房)、徐勝『獄中一九年』(岩波新書)に記されている。

長い苦しみの後、およそ二十年ぶりに兄たちに再会してみると、二人とも驚くばかりに子ども時代の気質をとどめていることにわたしは気づかされた。それどころか、むしろ持ち前の気質が極大化したとすら感じられた。良くも悪しくも「小ちゃい兄ちゃん」は「小ちゃい兄ちゃん」のままであり、「みっちゃん」は「みっちゃん」のままなのだった。むかしながらの兄弟げんかまでが再演された。このことは、わたしを安堵させると同時に、多少はがっかりさせもした。経験を重ねることによって人間は変わる、という命題はもちろん正しい。しかし、人間はほとほと変わらないという命題も同じくらいに正しいのではないか。兄たちと再会し、自分自身をも振り返ってみて、わたしはいまそう思う。

子どもの頃にいやおうなく刻印されてしまった何ものかを背負ったまま、人は、多くの苦しみとわずかな喜びとに彩られた長い人生の時間を堪え忍ぶのである。そして、人に人生を堪え忍ぶ力を与える源泉もまた、子どもの頃に体内深く埋め込まれた、その何ものかに潜んでいるのだ。

その意味では、わたしは本書を書きながら、ただノスタルジアにふけっていたのではない。みずからの子ども時代に、そしてあの六〇年代というかけがえのない時代にわたしに刻印されたもの――それを「理想主義」と呼ぼうと、たんに「意地」と呼ぼうと――、それによって、わたしはなお歩き続けることができるのだから。

あとがき

三年前、旧友でもある柏書房の芳賀啓さんが、新しく『リベルス』という雑誌を始めるので何か書かないかと声をかけてくれたとき、ごく自然に心に浮かんだのは、書物の思い出を手がかりに少年時代を振り返ってみようという考えだった。「ヴィタ・セクスアリス」に倣って、その読み物に「ヴィタ・リブラリア」と題したのは芳賀さんのすすめによる。「ヴィタ・リブラリア」は、『リベルス』の第五号（一九九二年八月）から第十六号（九四年八月）まで十一回にわたって連載された（一回休載）。

本書をまとめるにあたり、もともと単独の読み物として書かれた十一の文章の排列を改め、大幅に加筆して十二章に整理した。

タイトルは「子どもの涙」と改めた。本文に明らかなとおり、エーリッヒ・ケストナーの言葉がその由来である。

連載中からお世話になった芳賀啓さん、校正をお願いした米田卓史さんに心からお礼を申し上げる。

一九九五年一月三十一日

徐《ソ》 京《キョン》 植《シク》

復刻版に寄せて

本書は、一九六〇年代という「決定的な時代」に、京都市の片隅で一人の在日朝鮮人少年が経験した精神の遍歴を、読書経験を手がかりに語ったものである。もともとは一九九二年から柏書房刊の雑誌『リベルス』に連載したもので、同じ柏書房から単行本として上梓したのが一九九五年、それが小学館文庫に収められたのが一九九八年のことである。物語の背景である一九六〇年代からすでに半世紀以上の歳月が過ぎた。もとのエッセーを執筆してからも四半世紀以上が過ぎている。柏書房版、小学館文庫版のいずれも品切れとなって久しい。もはや書物としての寿命を過ぎた、と言うべきなのかもしれない。

それでもあえてこの復刻版を世に出す理由は、一つには、著者として本書への愛着が強く、より多くの人々、とくに若い世代に読んでもらいたいという希望がまだ尽きないからである。

もう一つの理由は、こちらのほうがより重要だが、四半世紀前の本書執筆時に私が感じていた危機意識がいつまでも解消されないどころか、むしろ日に日に迫真性を増していることである。

本書「文庫版によせて」（一九九七年）に私はこう書いている。

……近ごろでは、日本社会の一角から「誇りうる自国の正史」や「健全なナショナリズム」を標榜しつつ、日清・日露戦争（それが朝鮮植民地化に直結した）を肯定したり、近代日本の侵略史を美化するような声が高まってきている。泥靴で踏みつけられるように、朝鮮人の心は痛みに疼いている。……

振り返ってみれば、私はまだまだ甘かったようだ。在日朝鮮人の心はかつて以上に痛み続けている。日本社会はこの時期を境に「長い反動期」に入り、それが現在まで続いている。あの頃にはまだ半ば封印されていた差別意識や敵意はパンドラの箱を開いたように解き放たれ、野卑なヘイト・スピーチが日常化した。歴史修正主義者たちが政治権力の中枢を占め、言論界、教育界などへの圧力を常態化させた。

社会全般にわたって「忖度」と称する自発的隷従が習いとなった。

私は九〇年代の初めから大学の教壇に立ち、社会に向けても発言するようになった。その期間はまさしく「反動期」の四半世紀に合致する。私なりに「反動」に抗いながら、「戦後」という時代に内包されていた可能性を語るという役割を担《にな》うことになった。日本の戦後文化は、戦争責任の追及において無力、植民地支配責任について無自覚であり、きわめて自己中心的であるという点でおおいに問題があったが、そのような欠陥は「他者」との対話を通じて徐々に自覚され克服されてゆくだろうという希望はまだ消え去っていなかった。私は在日朝鮮人として、つまり「日本人」の他者として、そのような対話につとめることを自らの役割としたのである。

もどかしい抵抗の日々の痕跡として、拙いながら、いくつかの仕事が残った。近年のものに、『在日朝鮮人ってどんなひと？』（平凡社）、『植民地主義の暴力』『詩の力』『日本リベラル派の頽落』（以上いずれも高文研）などがある。その根底に共通するのは植民地主義と国民主義への批判である。

そのような「頽落」と「抵抗」の四半世紀の始発点にあるのが本書である。若かった私が本書中の随所で発した警告は、いま老年に近づいた私が次の世代に残そうとするものになった。

前記した政治的な危機の根底に、いっそう深刻な知的・文化的な危機が横たわっている。この二〇年ほどの期間、大学の教壇に立って痛感することは、人々が（学生だけではない）本を読まなくなったということだ。その原因の一つに、パソコンやスマートフォンの普及がある。それらの検索機能は適切に使用すればたしかに便利だが、そのために本来複雑でもあり豊饒でもある思考の手順を省略して、与えられた結論に安易に飛びつく傾向を助長していないだろうか。

より根本的な危機は、点数化された、あるいは利益に換算された目先の成果を互いに競い合わせる新自由主義のイデオロギーが文化や教育の領域まで浸食していることである。かくして反知性主義という怪物が跋扈することになった。結論がないかもしれない問題（人間をめぐる問題はたいていそうである）を、時間をかけてじっくりと思考し、その思考プロセスそのものを歓びとする、そんな態度は軽視または冷笑される。人間の「機械化」（渡辺一夫）が進み、他者への想像力は衰弱する。

それは対象をその属性によって決めつけること、国家に無批判に同一化して一律に敵視すること（「反日」というレッテル）、つまり差別と戦争に役立つのである。

とくにこれといった目的もなく図書館や書店に足を踏み入れて、床から天井までぎっしりと埋まった書籍の背表紙を眺める、それらを手にとって見るとき、どれほどの知的研鑽がそこに注ぎ込まれたのか、自分の知らない世界がどれほど奥深く広がっているかを想像する。見知らぬ著者の名や経歴を見て覚える畏敬の念、せめてその一端になりとも触れてみたいと望む謙虚な憧れの気持ち、これらもまた本を読む歓びの重要な要素である。それがやがて、与えられる既成の解答にのみ満足するのではなく、物事をより広い視野で、より長い尺度で思考する態度につながる。もはやそんなことは望み得ないのだろうか。

本書でとりあげた書物を、現代の人びとがどれくらい読むだろうか？　今ではファノンはもちろん、魯迅ですら、手にとるのは一部の人だけかもしれない。だが、それでいいのだろうか？　このようにして、社会と人間が着実に頽落していく。冷笑主義が凱歌を挙げる。

私は心をこめて、いま一度問いたい。

「それでいいのか?」

本書復刻にあたって、高文研編集部の真鍋かおるさんにお世話をおかけした。記して感謝申し上げる。

なお、旧版に若干の字句上の修正を加えたことをおことわりしておく。

二〇一九年三月一日　三・一独立宣言から一〇〇周年の日

徐《ソ》京《キョン》植《シク》

徐 京植（ソ キョンシク）
1951年京都生まれ。東京経済大学現代法学部教授。著書に『植民地主義の暴力―「ことばの檻」から』『詩の力―「東アジア」近代史の中で』『日本リベラル派の頽落』（以上、高文研）、『私の西洋美術巡礼』『汝の目を信じよ―統一ドイツ美術紀行』『私の西洋音楽巡礼』（以上、みすず書房）、『越境画廊―私の朝鮮美術巡礼』（論創社）、『プリーモ・レーヴィへの旅』『抵抗する知性のための19講』（以上、晃洋書房）、『フクシマを歩いて―ディアスポラの眼』（毎日新聞社）、『中学生の質問箱　在日朝鮮人ってどんなひと？』（平凡社）など多数。

子どもの涙
ある在日朝鮮人の読書遍歴

●二〇一九年四月二〇日――――第一刷発行

著者／徐 京植

発行所／株式会社 高文研
東京都千代田区神田猿楽町二―一―八
三恵ビル（〒一〇一―〇〇六四）
電話03＝3295＝3415
http://www.koubunken.co.jp

印刷・製本／シナノ印刷株式会社

ISBN978-4-87498-680-6 C0010